Les Musiciens Célèbres

Conserver la Couverture

ROSSINI

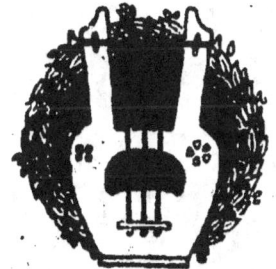

LIONEL DAURIAC

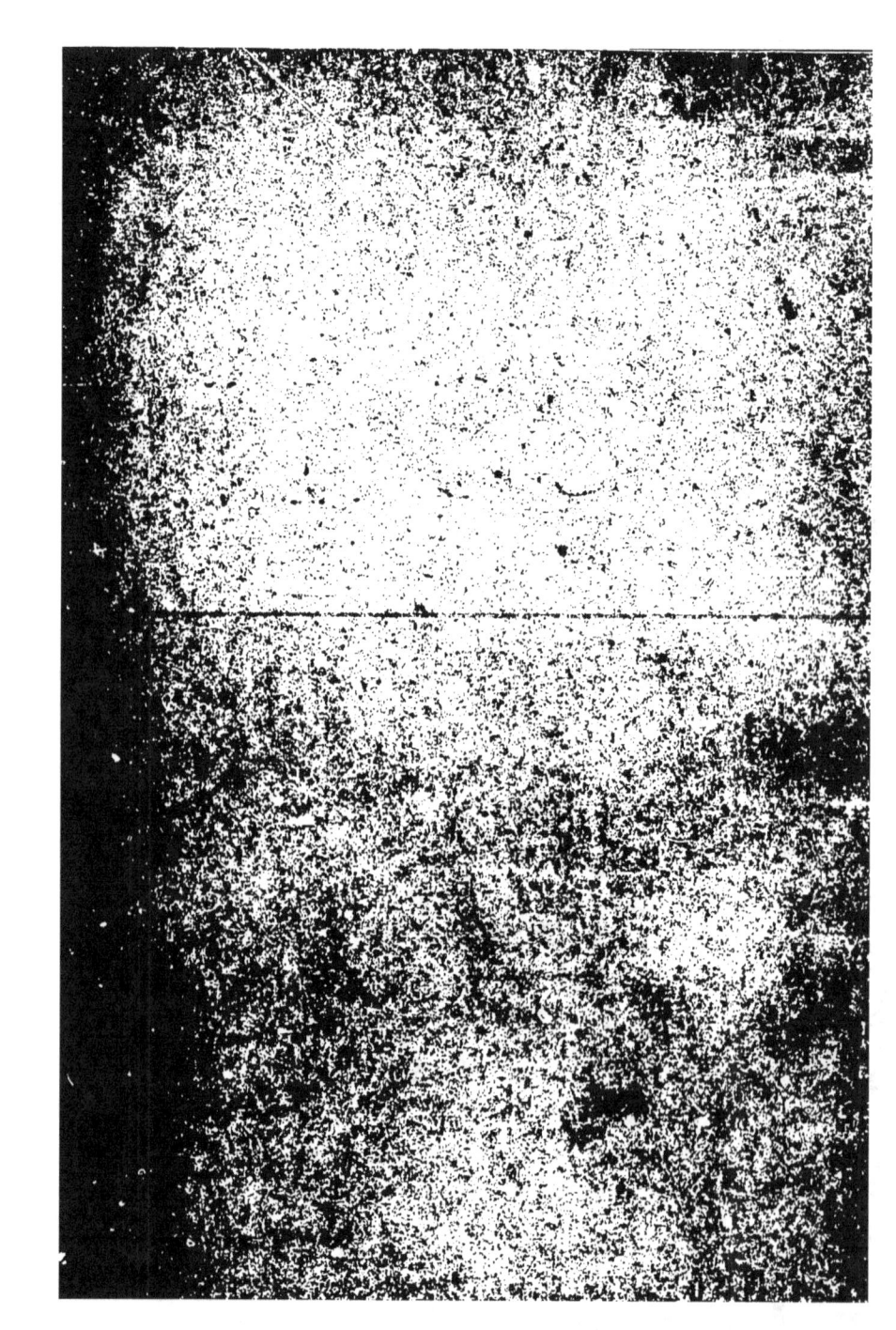

ROSSINI

LES MUSICIENS CÉLÈBRES

COLLECTION D'ENSEIGNEMENT ET DE VULGARISATION

———————

Parus :

Gounod, par P.-L. HILLEMACHER.
Liszt, par M.-D. CALVOCORESSI.

Sous presse : .

Gluck, par JEAN D'UDINE.
Hérold, par ARTHUR POUGIN.
Chopin, par ELIE POIRÉE.
Schumann, par CAMILLE MAUCLAIR.

En préparation .

Wagner. — Mozart. — Auber. — Beethoven. — Schubert. — Berlioz.

Par MM. Louis de FOURCAUD ; Camille BELLAIGUE ; Charles MALHERBE ; Vincent d'INDY ; BOURGAULT-DUCOUDRAY ; Henry MARCEL.

———————

LES MUSICIENS CÉLÈBRES

ROSSINI

PAR

LIONEL DAURIAC

Professeur honoraire de l'Université de Montpellier.

BIOGRAPHIE CRITIQUE

ILLUSTRÉE DE DOUZE REPRODUCTIONS HORS TEXTE

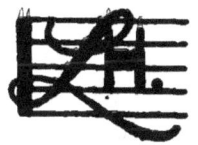

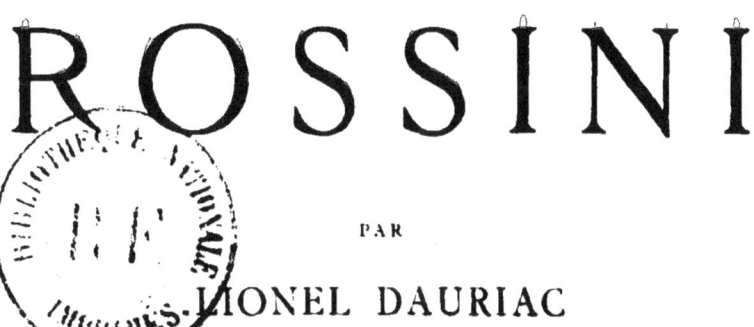

PARIS

LIBRAIRIE RENOUARD

HENRI LAURENS, ÉDITEUR

6, RUE DE TOURNON (VIᵉ)

GIOACHINO ROSSINI

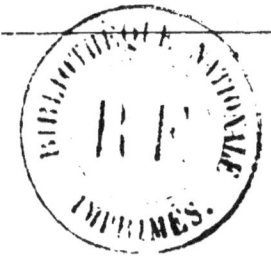

I

Rossini n'a pas de biographie proprement dite. Les événements de sa vie, sans en excepter même son premier mariage, sont des événements de théâtre. Et pourtant il est peu d'artistes qui aient subi au même degré l'influence des milieux. Il a suffi du séjour de Rossini en France pour changer sa manière et renouveler son génie. Il a presque suffi d'une révolution en France pour tarir la source d'une inspiration toujours prête à jaillir et que l'on eût jugée intarissable. Rossini avait une imagination d'une étonnante souplesse et d'une plasticité merveilleuse. Il avait le goût de son art. Il n'en avait ni la passion, ni la religion. Satisfait d'atteindre au bien sans trop d'effort, il n'aspirait au meilleur que sous la pression des circonstances. Aussi a-t-il beaucoup produit et laissé fort peu; deux de ses partitions survivent, et son œuvre est aussi vaste que celle de Sébastien Bach.

Nous allons raconter sa vie, c'est-à-dire ses œuvres. La place nous manquerait s'il nous fallait parler de toutes. Nous en dresserons la liste à la fin de notre brève étude, et nous espérons parvenir ainsi à concilier deux nécessités généralement incompatibles, celle d'être court et celle d'être complet.

Gioachino Rossini est né à Pesaro, petite ville de la Romagne, sur le bord de l'Adriatique, le mercredi 29 février 1792. Giuseppe Rossini, son père, cumulait deux fonctions, celles d'inspecteur des boucheries et de *tubatore*. Il marchait en tête de la municipalité les jours de cérémonie publique en jouant de la trompette. Il jouait aussi du cor. Anna Guadarini, sa femme, était fort belle et chantait agréablement.

Giuseppe Rossini avait l'humeur expansive et joyeuse. Il eut un jour la fantaisie de se croire devenu républicain et le malheur de le dire. Cela déplut au gouvernement autrichien qui occupait, en ce temps-là, les États du pape, après le départ des Français. Giuseppe Rossini en perdit ses places et sa liberté : on le mit en prison. Réduite à la plus extrême misère, Anna Rossini s'en fut à Bologne avec son unique enfant. Elle chanta au théâtre. Elle y plut. Elle eut des succès à Bologne, Ferrare, Mantoue, Rovigo. On prétend qu'elle n'a jamais su lire la musique : il n'y est rien d'invraisemblable.

Pendant que Giuseppe méditait en prison sur l'inconvénient de dire trop haut ce que l'on s'imagine que l'on pense, et qu'Anna gagnait sa vie au théâtre, Gioachino, pensionnaire chez un charcutier de Bologne, faisait semblant d'apprendre le latin : il n'y apprenait même pas à lire. On voulait qu'il sût jouer du piano : un marchand de vin, l'imbécile Prinetti, lui montrait comment avec deux doigts, pas davantage, il faut faire les gammes. L'enfant prenait en grippe l'instrument et le maître.

Giuseppe, sorti de prison, châtia l'enfant rebelle, le plaça chez un forgeron où pendant quelques semaines Gioachino fit marcher le soufflet en tirant la corde. A cet exercice, il prit, dira-t-il plus tard en souriant, le sentiment de la mesure. Il y apprit plus sûrement encore la nécessité du travail et de l'obéissance. Bientôt les signes de vocation apparurent et, rapidement, ils se multiplièrent.

A neuf ans, Rossini élève de Prinetti pour le piano, d'Angelo Tesei pour le chant, fait le plus grand honneur à ses deux maîtres, au second surtout. Il chante, il accompagne, il déchiffre à première vue, réduisant les partitions séance tenante. A onze ans, il chante à l'église, ce qui lui vaut par office trente sous environ. A douze ans, il paraît sur le théâtre de Bologne dans la *Camilla* de Paër. Entre temps, il se met au violon : il sait déjà jouer du cor; même il fait des duos de cor avec son père, après en avoir écrit la musique.

Rossini aurait donc été virtuose s'il avait fait choix d'un instrument à son goût. Mais il n'en préférait aucun. Il passait d'un instrument à un autre, uniquement soucieux d'en connaître les ressources, et, comme s'il eût décidé qu'il serait compositeur, impatient de faire son tour d'orchestre.

La destinée ne lui aurait pas permis d'être virtuose; il

avait pour cela l'humeur trop incertaine. Quand on est
de cette trempe, on inquiète parfois, et peu s'en faut que
l'on n'irrite ceux qui ont pour tâche de veiller sur nos
premiers pas dans la vie, surtout quand ils sont pauvres
et qu'ils comptent sur nous pour les aider à vivre. Mais
on remplit de joie et d'espérance ces parents adoptifs
qui ne manquent jamais aux enfants du peuple quand
ces enfants promettent. Au nombre des protecteurs de
Rossini, il faut nommer d'abord le chevalier Giusti.
ingénieur bolonais de talent, ami des belles-lettres, admirateur du Dante, de l'Arioste et du Tasse. Gioachino,
sous sa direction, apprend à les lire et à les admirer. La
famille Mombelli l'accueille comme un des siens ; là, on
est musicien de naissance et l'on est assez de frères et
de sœurs pour former, presque sans aucune assistance
étrangère, une troupe complète d'opéra. Mme Mombelli
mère, elle, ne chante pas ou ne chante plus ; mais elle
versifie avec aisance. Chaque fois que Rossini vient
chez elle, on lui a préparé des vers à mettre en musique.
Un jour c'est un *aria*, un autre jour c'est un *duetto*... Le
tout va si bien que les petits cours d'eau, qui se sont
successivement creusé un lit, ont déjà formé une rivière
et que *Demetrio e Polibio* est déjà né, opéra en deux
actes, paroles de Mme Mombelli mère, musique de Gioachino Rossini, âgé de quatorze ans. On jouera *Demetrio*
à Rome quand il en aura vingt, et qu'il l'aura retouché. Est-il sûr qu'il l'ait retouché? On le suppose. Mais
quand il y aurait ajouté le fameux *quatuor* qui décida du
sort de l'œuvre, s'il a gardé tout le reste, chose possible

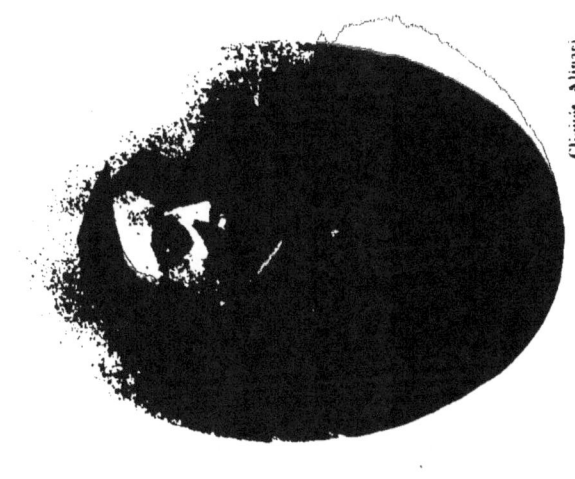

Cliché Alinari.

PARIS, 1865.

PORTRAITS DE ROSSINI

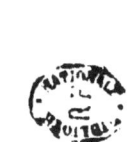

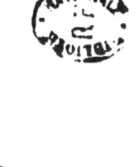

NAPLES, 1820.

après tout, c'est qu'en 1808, Rossini était capable de
traiter une situation dramatique, d'écrire avec tenue,
avec accent, avec couleur. Je ne sais pas de plus bel
exemple de précocité musicale.

Un an après le *Demetrio*, Rossini entre au « lycée
musical » de Bologne, dans la classe de composition du
père Mattei. Dès qu'il connaît les règles de la composition musicale, sa plume hésite et devient lourde. Il fait
des fautes dans ses devoirs, à la manière d'un écolier
faible en thème. On le croit paresseux. Il est tout le con
traire, mais il travaille à sa façon, étudiant la musique
dans l'œuvre des grands maîtres, des maîtres d'Italie et
d'Allemagne. Il passe pour féru de musique allemande,
ses camarades l'ont surnommé : *il tedesco*. Ses camarades
néanmoins le respectent et lui obéissent, car c'est lui
qui dirige à Bologne l'orchestre de l'*Accademia dei
Concordi*. Est-ce pour s'exercer au métier de chef d'orchestre ou pour se préparer à celui d'écrivain qu'il met
en partition les quatuors de J. Haydn et de Mozart? On
devine ce que fut un travail de ce genre pour un jeune
artiste en qui déjà les idées musicales fermentaient et
s'ordonnaient. Souvenons-nous de Démosthène copiant
les discours de Thucydide. — Les années d'apprentis-
sage sont finies. Rossini n'a pas appris tout ce que son
maître Mattei avait formé le dessein de lui apprendre.
Mais de l'aveu de Mattei même, il en sait assez pour produire. Il ne manque ni de facilité ni de confiance. Il a
besoin d'argent pour lui et pour les siens. L'heure est
donc venue d'entrer en campagne.

II

Au moment où allait débuter Rossini, dans quel état se trouvaient la musique et les théâtres italiens?

Et d'abord l'Italie ne faisait que « chanter » ; la musique presque tout entière s'était réfugiée au théâtre, et la musique dramatique, à son tour, s'était réfugiée dans les voix chantantes. Il y avait encore des instruments pour soutenir les voix. Il n'y en avait plus pour exécuter des œuvres symphoniques. L'*Enlèvement au sérail* de Mozart offrait aux instrumentistes italiens de l'an 1808 des difficultés insurmontables.

Comme bien l'on pense, le chanteur faisait la loi. Il dictait ses conditions à l'auteur. C'est le chanteur qui enjolivait les mélodies, en y prodiguant les roulades et les fioritures de son crû. Avait-on affaire à un sopraniste, c'était pis encore. Le sopraniste, à la fin de chaque air, se faisait abandonner par le compositeur vingt mesures pendant la durée desquelles il improvisait à son caprice.

Voilà où en était l'*opera seria*. La comédie musicale -- on l'appelait *opera buffa* quand elle avait deux actes et *farza* quand elle n'en avait qu'un — était dans un état de moindre relâchement. L'orchestre y avait plus d'instruments ; les instruments de cuivre, très expressifs chaque fois qu'ils interviennent, pourvu qu'ils y mettent de la discrétion, y avaient droit d'entrée. Les voix de basse, ordinairement proscrites dans l'*opera seria*, s'y déployaient à leur aise : leurs traits, leurs points d'orgue, leurs roulades et leurs cascades excitaient au même moment l'enthousiasme et le rire. L'*opera seria* se composait le plus souvent de monologues et de scènes à deux personnages. Le *terzetto* y était plus rare. Le *quatuor* et le *quintette* y étaient exceptionnels. Chaque acte d'*opera seria* se terminait par un *final*, mais la composition de ce final, comme aussi son étendue, variaient avec les exigences de la situation. Le plan de l'*opera buffa*, plus uniforme, admettait une plus grande variété de combinaisons vocales. On en concevait la distribution à la manière d'un programme de concert, où, lorsque chacun des artistes a brillé pour son propre compte, il est admis à l'honneur de briller une ou plusieurs autres fois en compagnie de ses camarades. De plus, les finals de l'opera buffa étaient composés presque partout de la même manière, en tryptique : un *allegro*, un *andante*, une *strette* ou *presto*.

Mais, qu'il s'agit de l'opéra bouffe ou de l'opéra sérieux, ce serait peu de dire que les chanteurs y avaient le pas sur l'orchestre : ils le dominaient, l'opprimaient, l'annulaient. Le public avait pris l'habitude de n'écouter que ce qui se chantait ou se disait sur la scène. Un dessin d'accompagnement trop détaillé —je n'ai pas dit trop chargé, — l'eût empêché d'entendre le chanteur. L'Italien d'ailleurs, à la différence de l'Allemand, n'allait jamais au théâtre pour son instruction; il y allait pour son plaisir. L'action proprement dite lui était indifférente, mais non pas le mouvement. Au livret, il

ne demandait qu'une admirable matière à mettre en
musique, une matière qui sût exciter la verve inventive
du compositeur, préparer les effets musicaux, accuser
les contrastes de gestes ou de postures, toutes qualités
par lesquelles on peut rester, sa vie durant, un vaude-
villiste habile.

Dans l'opéra sérieux, l'Italien cherchait un autre
genre de plaisir. Moins de mouvement et plus de
musique, voilà ce qu'il en attendait. Par malheur, cette
musique qui l'affriandait était la pire de toutes, puisqu'il
n'était sensible qu'aux agréments d'une voix juste,
chaude, souple et, par dessus tout, lestement et agréablement voltigeante.

Dans un pareil état du goût et de l'art, imaginez un
compositeur la tête farcie de conceptions nouvelles
— bizarres ou fécondes, il n'importe guère — sur les
rapports de la musique et du drame, sur les lois de la
vraisemblance dramatique, quelque chose comme un
Richard Wagner ; vous le forcez à émigrer. Rossini, par
bonheur, a l'ambition plus modeste. Il ne souhaite que de
réussir au théâtre, et le plus vite possible, ayant trois
vies à gagner, celles de ses parents et la sienne.

Et c'est pourquoi Rossini va se contenter des ressources qu'il trouve, et s'accoutumer au travail rapide.
Songez que l'Italie est un pays à plusieurs capitales,
que la plus petite de ces capitales — il en est de très
petites, pas plus grandes qu'un de nos modestes chefs-
lieux de département — a son théâtre, et met son
amour-propre à y représenter de l'inédit. Sachez en

outre qu'il est en Italie, au temps dont je parle, quatre
saisons théâtrales : la saison dite « du carnaval », la
plus importante, celle qui commence l' « année », s'ouvre
le lendemain de Noël; une saison « de carême » lui fait
suite, puis c'est la saison de printemps et enfin celle
d'automne. Vous devinez ainsi quelle peut être l'existence
d'un compositeur en vogue dans un pays où le nombre
des grandes scènes excède celui des musiciens renom-
més. Il s'engage pendant la même année avec plusieurs
impresarii, ce qui revient à dire qu'il écrit autant
d'opéras par an qu'il peut « matériellement » en écrire.
Il n'en écrira guère plus de quatre malgré les douze
mois de l'année et ses quatre saisons. Car il n'a point
le droit d'écrire avant de s'être assuré de sa troupe.
Quand il arrive dans la ville où va se jouer son opéra,
jamais une note n'en est écrite. Il fait chanter d'abord
ses futurs interprètes afin de se mettre au courant de
leurs qualités, de celles qu'ils ont, de celles qu'ils se
figurent avoir, de leurs défauts, de leurs préférences et
de leurs exigences. Cela demande bien dix jours. Il en
reste vingt à peine pour composer la partition, distribuer
les parties et faire répéter l'opéra nouveau. Le plus souvent, l'ouverture est faite d'avance. Le plus souvent
aussi, le compositeur achève son manuscrit le jour de
dernière répétition générale.

Étonnons-nous maintenant de ce qu'il y a d'exception-
nellement prolifique chez les maîtres italiens de la fin
du xviiie et des premières années du xixe siècle! En réa-
lité, ces compositeurs ne composaient pas, ils improvi-

saient. Et de leurs improvisations parfois heureuses,
souvent quelconques, le temps se chargeait vite d'effa-
cer la trace. Un opéra qui échouait était joué trois fois.
Un opéra qui réussissait durait en moyenne trente soirées, après quoi le public réclamait une pièce nouvelle.
La qualité ne lui était pas indifférente, mais il tenait à
la quantité. Rossini était donc l'homme tout désigné
pour plaire à ce public, pour lui plaire et pour le sur-
prendre : car s'il travaillait aussi vite que ses aînés, il
mettait plus de choses dans chacune de ses œuvres,
dessinant au lieu d'esquisser, puis, en même temps qu'il
dessinait, colorant et nuançant. Ne nous y trompons
pas, nous qui avons entendu faire à Rossini le reproche
de négliger son orchestre : c'est de Rossini que date le
souci de l'orchestration dans l'opéra italien des deux
genres. Ainsi ce génial improvisateur va s'annoncer
comme un compositeur, et cela, dans toute la plénitude
de l'expression.

Nous allons raconter cette féconde carrière. Et tout
d'abord nous y distinguerons des périodes, disons
mieux : des « campagnes », en souvenir de Stendhal,
qui se divertissait à comparer les deux gloires, celle du
grand Rossini et celle du grand... Napoléon. Il y aura
donc « une campagne vénitienne-lombarde », commencée
par l'*Inganno felice*, terminée par *Il Turco in Italia*. A
sa suite, la « campagne napolitaine » durera de 1815 à
1821 de l'*Elisabetta* à *Zelmira*. La « campagne de
France » sera la dernière. Elle ira de 1823 à 1829 et
s'achèvera par *Guillaume Tell*.

Les ovations ne commencent pas dès le premier
coup d'essai. Mais le public fait preuve des sentiments les
plus favorables. Il sait que Gioachino Rossini, âgé de
dix-neuf ans, a dirigé avec maîtrise, à Bologne, une
remarquable exécution des *Saisons* d'Haydn. L'année
précédente, au théâtre San Mosé de Venise, avec le
Cambiale di Matrimonio, il a obtenu tout au moins un
succès d'estime. La fortune lui sourit et ses faveurs
l'attendent. Au moment du carnaval de Venise, en 1811,
l'*Inganno felice* lui rapporte sa première victoire.
Cette *farza* est du Rossini le plus pur, sinon le plus
riche, et quand on dit qu'elle contient déjà en puissance
tout le Rossini de l'avenir, on dépasse peut-être la
vérité, rien de plus. Le style y est déjà formé, j'en-
tends de ce style tout de chaleur et de lumière qui
atteste sa volonté de vivre par la vivacité de sa
démarche, la souplesse de ses formes, la multiplication
de ses rythmes et ce qu'il faut bien appeler, faute d'un
terme meilleur, la nouveauté de ses tours. Et ce style
est puisé aux sources les plus fécondes. Dans les veines
du jeune auteur circule abondamment le sang généreux
du créateur de la symphonie allemande, l'un de ses
pères spirituels avec Mozart, J. Haydn. De cette parenté
l'*Inganno* porte déjà les marques.

Venise s'est laissée conquérir. Ferrare y mettra peut-
être plus de façons. C'est que nous sommes en carême,
dans la saison des oratorios. L'oratorio comporte un
sujet biblique. On y voit des prêtres aux gestes lents et à
la démarche grave : il va falloir changer de style. Et

Rossini change de style, même il s'en tire à ~n plus
grand honneur. Son *Ciro in Babilonia* mérite qu'on s'y
arrête. Le sujet de cet « oratorio » est le festin de Bel-
thazar. Cyrus est prisonnier du grand roi, et le grand
roi veut lui prendre sa femme. Celle-ci résiste et trouve,
pour repousser les avances du vainqueur, de justes
accents de dignité offensée. Le *duetto* entre Balthazar et
cette jeune princesse est d'un écrivain déjà maître de
sa plume et d'un dramatiste sachant calculer ses effets.
Balthazar donne son célèbre et fatidique festin. Quand
sur les murs du palais se sont inscrits les trois mots :
Mane, thecel, pharès, mots d'autant plus effrayants qu'ils
n'ont de sens pour personne, Daniel, le prophète des
Juifs, mandé en toute hâte, vient menacer Balthazar de la
vengeance céleste. Il a de la dignité dans la menace, de
la sécheresse dans le ton, de la colère dans l'âme : les
triolets des basses et des contrebasses soulignent cette
colère.

Quand Daniel a parlé, le grand roi, pour apaiser le
divin courroux, se résout à faire périr son captif. Cyrus
marche au supplice ; devant tout le peuple assemblé,
il embrasse — ou croit embrasser pour la dernière fois
— sa femme et son jeune fils. Le rôle de Cyrus était
tenu par une femme, ce qui disposait assez le compositeur au pathétique d'attendrissement. Il en résulte un
fort émouvant récitatif, une mélodie des plus gracieu-
sement touchantes. Elle est dessinée, en commençant, à
la manière de notre vieille chanson française : *Fleuve du
Tage !* Est-ce le hasard qui a produit la rencontre ? Ne

serait-ce pas plutôt l'analogie des situations et des sentiments? Inutile de dire que Cyrus ne meurt point et
que c'est lui qui, par un soudain retour de fortune,
monte sur le trône de Balthazar.

Malgré de sérieuses qualités dramatiques dont nous
avons dans le *Ciro* plus que la promesse, malgré le succès obtenu à Rome par toute la famille Mombelli, au
théâtre Valle, dans le *Demetrio e Polibio* de 1806, et
qui dut sa faveur à un *quartetto* des plus heureusement
inspirés, il semble qu'à ses débuts tout au moins, Rossini soit plus à l'aise dans l'opéra bouffe. — C'était à Milan
pendant l'automne de 1812. Sur les conseils de la
Marcolini, le compositeur, engagé par l'impresario de la
Scala, mettait en musique un livret des plus amusants.
La Marcolini elle-même s'était chargée du premier rôle.
Les Milanais furent ravis d'enthousiasme, en quoi ils se
montrèrent gens de goût. La musique de la *Pietra del
paragone* est presque partout excellente, d'un style
alerte, accidenté, jaillissant d'imprévu, prompt à
l'attaque et à la riposte, étincelant de verve, élégant de
forme. Déjà l'on y croit entendre le spirituel persiflage
de Figaro. Et déjà dans l'air *Ecco pietosa...* merveilleu-
sement chanté par la Marcolini s'ébauche le *Di tanti
palpiti* de *Tancrède*.

Nous y touchons d'ailleurs, à *Tancrède*, ou plutôt nous
y arriverons quand nous aurons passé par *I due Bruschini*, une mauvaise farce, prenez le mot comme il vous
plaira. Rossini avait deux impresarii à satisfaire, tous
deux Vénitiens, celui du théâtre San Mosé, qui lui

demandait un opéra bouffe, celui de la Fenice, qui lui
offrait un livret de grand opéra. Jalousie entre les deux
rivaux. Le premier se fâche et promet au compositeur
le plus détestable des livrets. Rossini le prend au mot,
et, pour lui prouver que le livret est en effet détestable,
il y traduit tout à contre sens. Dans l'ouverture, les
seconds violons frappent du bois de leur archet le métal
du pupitre. Dans la pièce, c'est pis encore : à l'endroit le
plus comique l'orchestre joue une marche funèbre. Et
c'est ainsi du commencement à la fin des *Due Bruschini*.
Ils n'eurent d'ailleurs qu'une représentation. Les Vénitiens avaient trouvé la plaisanterie d'assez mauvais
goût et avaient sifflé.

. *Tancrède* les désarma. *Tancrède* n'est pas autre chose
qu'une tragi-comédie musicale, c'est-à-dire une tragédie
musicale à dénouement heureux. Elle a des parties
faibles, entr'autres ses chœurs, ses marches guerrières,
vraies marches de régiment ; elle a un rôle médiocre,
celui d'Argire, rôle de père noble, chanté par le ténor.
Mais toute la partie amoureuse de l'opéra, et c'est la
principale, ne laisse guère à désirer. L'action musicale
y reste intérieure, et la vraisemblance psychologique
des mélodies et des rythmes, n'y ayant rien d'appris ni
même de prémédité, jointe aux agréments d'une forme
presque toujours facile, abondante et souple, fait de cet
ouvrage écrit à vingt ans, un ouvrage unique en son
genre, un événement tout exceptionnel dans la vie de
son auteur.

Nous ne saurions analyser *Tancrède* d'un bout à

l'autre. Rien n'y arrive d'ailleurs, rien, si ce n'est que
Tancrède et Aménaïde se sont aimés, promis l'un à
l'autre, quittés, et qu'au moment de retrouver Aménaïde, Tancrède, égaré par le plus injuste et le plus
invraisemblable soupçon, la croit infidèle et parjure. A
la fin tout s'explique et s'arrange. Mais en attendant la
fin, l'un et l'autre, chacun à son tour, quand ce n'est
pas tous deux ensemble, nous confient leur amour et
leurs alarmes. Cela ne fait peut-être pas une pièce ;
cela fait très certainement la plus gracieuse et la plus
émouvante des idylles.

Le grand air *Di tanti palpiti* a longtemps passé pour
être le chef-d'œuvre de *Tancrède*. Si l'on veut s'en con-
vaincre, car le morceau est digne de sa renommée, il
convient de lui laisser tout son cadre, de ne point le
détacher de ce qui le précède et, en le précédant, le prépare. Tancrède débarque. Les basses d'accompagnement
imitent, par un léger *grupetto*, le glissement d'une
nacelle, cependant que la clarinette chante une claire,
courte et pénétrante phrase, émue et dessinée comme
une phrase de Mozart. Stendhal a-t-il tort de féliciter le
compositeur qui a su « faire dire par les instruments
toute une partie des sentiments que le personnage lui-
même ne pourrait nous confier » ? Il est certain que cette
phrase, psychologique et pittoresque d'effet, si elle ne
l'est pas d'intention, excelle à nous donner l'impression
d'une âme profondément aimante ; il n'est pas douteux
non plus que le récitatif de Tancrède nous révèle, dès
la première mesure, une âme héroïque. Le souvenir

d'Aménaïde, progressivement envahissant, fait oublier
au héros les torts de la patrie ingrate, et le *Di tanti pal-*
piti commence. Le sens des paroles est à peu près :
« **Pour tant de palpitations, pour tant de peines, j'espère**
une douce récompense. » Et, dès le premier instant, la
phrase musicale s'émeut. Elle s'élève tout d'abord à la
manière du désir, puis redescend à la manière de l'attente inquiète. Bellini écrira plus tard des mélodies
toutes pareilles. Rossini n'en écrira plus ou presque
plus de semblables.

Chose assez remarquable : dans un drame tout d'émotion, où l'espérance alterne avec l'angoisse, les tons
mineurs n'arrivent qu'à la dernière extrémité ; mais
c'est, quand ils arrivent, pour nous remuer jusqu'au
frisson. On pourrait en donner comme exemple une
phrase — une phrase d'orchestre, ne l'oubliez pas —
chantée par le hautbois, en *ut mineur*, toute chargée de
détresse, et qu'avant Rossini, Mozart seul eût été capable
d'écrire. En regard, et comme si l'on voulait, accentuant
le contraste, montrer à quel point l'imagination du
compositeur sait être souple et diverse en ses applica-
tions, on citerait fort à propos un début d'allegro en
mi majeur, radieux élan d'amour, chanté par Aménaïde
ou plutôt, lancé à pleine poitrine, d'un effet trop soudai-
nement irrésistible pour laisser le loisir d'en discuter
les moyens. Disons, pour achever de nous acquitter
envers *Tancrède*, que son premier final fut longtemps
admiré. Il y est une page lumineuse, l'*andante*, inspiré de la symphonie classique. Les deux allegros, qui

s'encadrent, ont du mouvement et de la gradation dans la véhémence ; mais l'invention y est médiocre, et nous y descendons à pas accéléré de la tragédie jusqu'au mélodrame.

Passons, sans transition, comme Rossini d'ailleurs, de *Tancrède* à *l'Italienne*. Cette *Italiana in Algeri* est un parfait modèle d'esprit, d'élégance, de fécondité mélodique et rythmique. Et la musique y est vraiment bouffe : elle nous met constamment le sourire aux lèvres et nous pousse au rire par la continuité du sourire. Rien n'y est sacrifié, rien n'y est négligé. Ça et là un nuage — oh! bien léger — de mélancolie pour nous rappeler, fort à propos d'ailleurs, que l'héroïne est une personne et non pas une simple marionnette. A cela près, l'*Italiana* est un courant ininterrompu de mélodies agiles, rieuses, impertinentes, traversé par d'autres courants venus de tous les points de l'horizon musical, non pour enrayer la verve mais pour en attiser l'ardeur. Célébrerons-nous avec enthousiasme et comme la meilleure page de *l'Italienne* le *terzetto* : *Papataci?* On en raffolait jadis. J'aimerais mieux insister, si j'en avais le temps, sur le second final qui contient presque autant de musique qu'il a de vivacité et de rapidité, ce qui est tout à son éloge, et dont le début rappelle, à presque s'y méprendre, les meilleurs menuets du père de l'Ecole viennoise, J. Haydn.

L'*Aureliano in Palmira* n'était guère un sujet de carnaval avec sa grande reine, la fameuse Zénobie de Palmyre, son grand empereur — puisque c'est un

empereur romain, — son grand prêtre et ses prêtres. Il
fut pourtant représenté au carnaval et les Milanais en
applaudirent les interprètes; c'était la Correa, c'était
Velluti, le sopraniste célèbre. Ils y admirèrent un duo
d'amour, le plus parfait des duos d'amour, au dire de
Stendhal. Stendhal exagère. Ce *duetto* a la démarche
élégante, élancée même si l'on y tient : l'émotion lui
manque et la sincérité aussi. Il y avait mieux dans *Tancrède*. Il y a mieux même dans l'*Aureliano*. Au premier
acte, on relève un grand air de basse, l'air : *Stava dira
la terra*. Le thème est de circonstance, mais la mélopée
qui en sépare les deux expositions atteste, par sa
modulation à peu près continue, une curieuse entente
des exigences du drame. Enfin, et pour achever de
rendre justice à cet ouvrage injustement maltraité, les
pages médiocres y sont rares et les chœurs — où avait
singulièrement faibli l'auteur de *Tancrède* — se font
écouter avec plaisir. C'est de l'*Aureliano* qu'est empruntée l'ouverture actuelle du *Barbier de Séville*. L'aubade d'Almaviva, dans le même *Barbier*, n'est autre
qu'une phrase d'orchestre extraite de l'introduction du
même *Aureliano*. Chaque fois qu'une de ses œuves aura
eu la vie brève, Rossini en utilisera les fragments; et c'est
ainsi qu'il réparera ses échecs ou ses succès incertains.

Le *Turco in Italia* aurait pu lui être l'occasion d'une
prompte revanche. La mauvaise humeur des Milanais
en décida autrement. Ils devaient mettre quatre années
à s'apercevoir que Rossini en écrivant son *Turc* avait
fait autre chose qu'adapter à un sujet nouveau la

musique de l'*Italienne*. Et pourtant quelles ressemblances
entre les deux opéras! Et qui pourrait dire lequel de ces
deux jumeaux est venu le premier au monde? Il n'y a
guère de sensibilité dans l'*Italiana*; il y en a pourtant.
Le *Turco* s'en passe et la musique y est plus vivace, je
n'ai pas dit plus vivante. Elle y est aussi plus familière.
Décidément c'est bien l'*Italiana* qui est l'aînée et qui a
servi de modèle.

La campagne lombardo-vénitienne est terminée. Elle
compte plusieurs journées glorieuses, pas une seule
défaite. Et Rossini y a fait preuve des plus rares qualités qui distinguent l'homme de théâtre, entr'autres, la
fécondité, la souplesse, la variété de l'imagination
créatrice. Génie facile, insouciant, travaillant au jour
le jour, ami des plaisirs, capable d'aimer, aimant comme
il travaille, sans jamais compliquer ni son art ni sa vie,
sensible à la louange plus encore qu'à la gloire, et
presque aussi jaloux de ses avantages physiques que de
ses talents de musicien, tel nous apparaît à l'âge de
vingt-trois ans ce favori de la fortune, cet artiste heureux entre tous, puisqu'il ne demande qu'à plaire et
qu'il y réussit sans effort.

III

Il était jadis à Milan un certain Barbaja, garçon de
café aspirant à de plus hauts emplois. Il se fit tenancier
d'une maison de jeu, y gagna un million au moins et

devint entrepreneur de théâtres. On lui adjugea l'entre-
prise des deux grandes scènes du royaume de Naples,
San Carlo et Del Fondo, et il engagea Rossini pour les
alimenter d'œuvres nouvelles. L'usage était alors de
signer ensemble, le compositeur ou le chanteur d'une
part, de l'autre l'impresario, au bas d'un imprimé de
deux pages appelé *scrittura*, sur lequel étaient men-
tionnées les obligations réciproques. Rossini signa sans
hésiter, car si Barbaja ne lui offrait point la fortune, les
quinze mille francs environ qu'il lui promettait par année
lui apportaient l'aisance. Dans ces quinze mille francs
était compris l'appoint fourni par les revenus du tri-
pot : car il y avait une salle de jeu attenant au théâtre
que l'impresario dirigeait. Le coquin au surplus était
obligeant à ses heures. Quand le théâtre San Carlo brûla,
au moment d'*Otello*, il le rebâtit de ses deniers. Barbaja,
comme tout bon impresario, avait sa favorite : c'était
l'imposante Isabella Colbran, plus tard Mme Gioachino
Rossini, dont la voix souple et forte enchantait les Napolitains. Les médisants ont parlé de ses fausses notes :
elle avait la réputation d'en laisser échapper.

En échange des quinze mille francs convenus, Rossini
devait écrire annuellement deux opéras et en diriger
les répétitions. Il était libre, dans l'intervalle, de s'en-
gager ailleurs et de renoncer pendant ses absences à
être payé sur la caisse Barbaja.

Ainsi la campagne napolitaine va commencer sous les
meilleures auspices et elle sera féconde. Rossini va-t-il
changer de manière ? Pas dans l'opéra bouffe, où sa façon

d'écrire est fixée. Dans l'opéra sérieux où, malgré *Tancrède*, il se cherche encore, — les disparates de l'*Aureliano* en sont la preuve, — il va dépouiller insensiblement les grâces de la première heure. Sa musique va donner de plus en plus l'impression de la prose, d'une prose énergique, véhémente, au besoin même violente. parfois même un peu nue malgré ses ornements inévitables, capable aussi d'éloquence. Et ce sera toujours la même fécondité d'invention mélodique, le même art de trouver les thèmes, de les développer, de les colorer, de les faire surgir les uns des autres au gré des convenances scéniques.

Le premier opéra « napolitain », *Elisabetta regina d'Inghilterra*, fut un triomphe. L'ouverture (celle de l'*Aureliano*, plus tard du *Barbiere*) et le *crescendo* du premier final (encore de l'*Aureliano*) y contribuèrent. Cet expédient, j'allais dire cet ingrédient d'orchestre, le *crescendo*, — duquel Mosca, contemporain de Rossini, se donna pour l'inventeur quand Rossini en eut assuré la popularité, — consiste à faire coïncider les progrès du mouvement et ceux de l'intensité sonore. Tandis qu'à pas pesants et accélérés, basses, contrebasses et trombones montent ou descendent l'échelle musicale sous les *tremoli* des violons, sous les notes répétées des flûtes et les tenues des trompettes, l'auditeur, dompté par le tumulte, cesse d'écouter ; mais il entend à en perdre haleine. Et quand les derniers éclats de l'orchestre ont cessé, le public éclate à son tour applaudissant, trépignant, s'exclamant. C'est le comble de l'enthou-

siasme, mais aussi, car il faut tout dire, d'un enthousiasme mécaniquement provoqué.

Pour l'honneur de l'*Elisabetta*, cette œuvre se fait
valoir par d'autres mérites que ceux du crescendo. Et
d'abord le « récitatif sec » soutenu par le piano en est
banni ; le récitatif, désormais, aura pour accompagnateur
le quatuor à cordes ; bannies en même temps les fioritures laissées au caprice du virtuose. C'est toute une
révolution qui s'annonce, une révolution durable et en
même temps très conservatrice, puisqu'elle va sauve-
garder les intérêts de l'art. L'importance historique de
l'*Elisabetta* est certes indiscutable.

Musicalement elle se recommande par un heureux
mélange de pathétique et de tragique. Les qualités tragiques y sont encore hésitantes et comme à l'essai. Les
autres, dont le déclin est proche, ont perdu leur sourire,
mais gardent encore assez de leur ancien charme pour
nous attacher, non pas à la reine d'Angleterre, mais à sa
tremblante rivale, Mathilde, — la future Amy Robsart de
Walter Scott, — épousée en secret par Leicester, le
courtisan favori. Rossini a su rendre d'une touche sincère
et discrète l'état d'âme naturel à cette héroïne du type sou-
pirant. C'est en pensant à elle qu'il a écrit, dans le ton
mineur, le *duetto* du premier acte entre les deux époux :
Mathilde et Leicester. Au second acte, il a été encore
plus heureusement inspiré. On se souvient dans l'*Horace* de Corneille, de ce véritable duo — un duo qui est
un véritable duel — entre Horace et Curiace et du sai-
sissant effet de constraste obtenu par les deux vers :

HORACE

Albe vous a choisi ; je né vous connais plus.

CURIACE

Je vous connais encore et c'est ce qui me tue.

Une impression toute semblable s'éveille en nous
quand, au thème majeur de la reine, dans l'*Elisabetta*,
Mathilde répond par la même phrase en mode mineur.
Elle n'est donc pas très loin, cette Mathilde, d'avoir droit
au rang de personnage musical. Elisabeth, moins favo-
risée, bien qu'elle eût Isabelle Colbran pour interprète,
— ou plutôt à cause de cela et parce que Rossini cherchait à lui plaire avant tout autre chose — n'est qu'un
simple rôle et presque le moins bon de tout l'opéra. On
dirait d'un rôle gâté à plaisir. N'a-t-elle pas la fantaisie
au premier acte, cette reine, de terminer son grand air
comme bientôt terminera le sien la Rosine du *Barbier?*
Et quand, au dernier acte, elle abdique son amour, ne
s'oublie-t-elle pas en renonçant à Leicester sur le ton
que prend une femme galante pour envoyer promener
un fâcheux poursuivant ? Le final d'*Elisabeth*, en dépit du
crescendo qui le dépare, a de la force et de la couleur.
Musicalement au-dessous d'un autre final moins vanté en
son temps, celui de *Tancrède*, il le surpasse en valeur dramatique. Le moment de son *andante* correspond à la
péripétie du drame. Pour suivre Leicester et pénétrer à
la cour, Mathilde s'est travestie en page. Elisabeth la
devine et la découvre. Aussitôt elle offre à Leicester
la couronne royale : tableau. Et nous disons « tableau »

en raison des attitudes immobilisées par la surprise et des
silences qui parsèment le discours musical.

Pendant que le succès de l'*Elisabetta* s'affermissait
et grandissait, Rossini allait à Rome où l'appelait le sieur
Puca Sforza Cesarini, entrepreneur de théâtre qui lui
avait commandé deux opéras, l'un sérieux, l'autre bouffe.
L'opéra sérieux, *Torwaldo e Dorliska*, eut la vie courte.
L'opéra bouffe, à l'heure présente, est encore plein de
vie : on a deviné le *Barbier de Séville*. Il eut à naître
toute les peines du monde. Paësiello, l'auteur d'un autre
Barbiere, justement applaudi d'ailleurs, vivait encore.
Pour éviter de lui déplaire on remit à neuf le vieux
livret, on y introduisit des chœurs, on changea le nom
de la pièce : *Almaviva ossia l'inutile precauzione*. Même
on rédigea un avertissement au public. Précautions inutiles. Tout alla de mal en pis le premier soir. Le ténor
Garcia fut sifflé en faisant grincer les cordes de sa gui-
tare. Rossini fut raillé dès qu'il parut en habit noisette
au piano d'accompagnement. Don Bazile se prit le pied
dans une trappe et faillit s'en casser le nez. Un chat,
pendant le premier final, traversa la scène. Et toute
la salle miaula.

Le lendemain soir, Rossini refusait d'aller au théâtre.
Il causait tranquillement avec ses hôtes. Tout à coup la
rue devenait bruyante, tumultueuse même et la foule
envahissait la maison. Elle venait enlever Rossini pour
le porter au théâtre où l'on applaudissait jusqu'au va-
carme.

Paësiello avait perdu la partie. Son *Barbier* pourtant

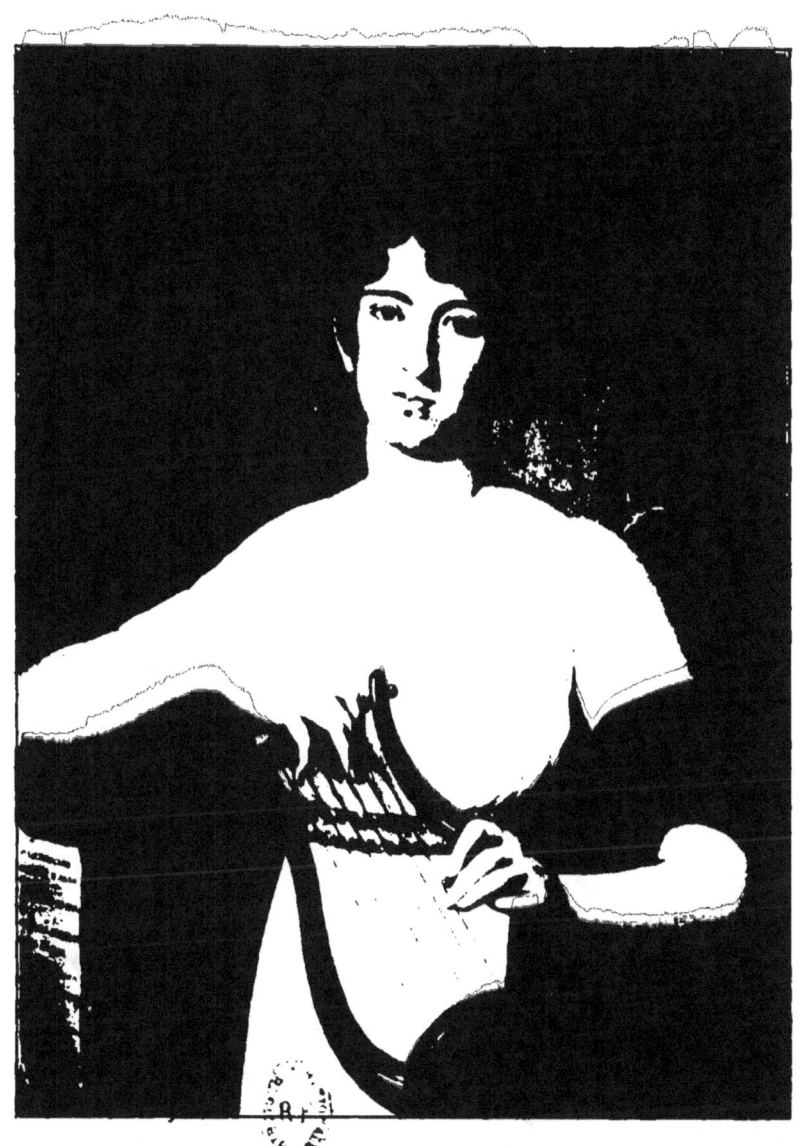

PORTRAIT DE MADAME COLBRAN.

(Salle Rossini, Lycée Musical de Bologne.)

n'était pas médiocre. Il avait même plus d'émotion que
le nouvel *Almaviva*. Mais Rossini l'emportait précisément par sa verve moqueuse et par ces « folies » du
style musical qui eussent fait naguère la joie de Diderot.
Nul mieux que Rossini, dans cette œuvre écrite à bride
abattue, en treize jours dit-on, n'a traduit Beaumarchais
avec cette heureuse exactitude. Mozart lui-même, en inté-
riorisant les héros du *Mariage* et en leur versant un peu de
son âme, ne les a-t-il pas comme recréés, et par là même
dépaysés ? Les *Noces de Figaro*, certes, ont des beautés qui
manquent, je me trompe, qui, dans le *Barbier de Séville*,
ne seraient nullement à leur place. Et d'un bout à l'autre
de l'œuvre rossinienne quelle tenue irréprochable ! C'est
Figaro qui la domine, c'est lui qui donne le ton à tous
les personnages, même à Bartholo, même à Basile, même
à ceux que leur seule bêtise maintient au-dessous du
commun diapason. Voilà ce que, dans l'œuvre de Beaumarchais, Paësiello n'avait pas su apercevoir. D'instinct
Rossini l'avait deviné.

Ecoutez ce joli chœur d'introduction construit sur une
double gamme ascendante et descendante, dont le *pianissimo* jalonne, sans le troubler, le silence nocturne. La
nuit s'achève. L'aurore sourit au ciel. L'aubade d'Almaviva commence. Elle part d'*ut majeur*, traverse les
deux tons mineurs de *la* et de *mi* comme pour s'essayer aux allures mélancoliques, et joyeusement rat-
trape son mode primitif. « C'est de la galanterie, ce
n'est pas de l'amour », disaient à Rome les amis de
Paësiello. Ils avaient raison ; mais ils n'avaient pas lu

Beaumarchais. — Et maintenant *largo al fattotum!*
place au maître des maîtres! Figaro paraît en scène,
et tout l'orchestre en a le fou rire. Retour d'Almaviva
en quête d'un stratagème, reprise de Figaro en quête
d'une bourse; et c'est une nouvelle farandole d'idées
mélodiques et rythmiques. La musique se calme, Rosine
est là devant nous. L'*andante* de sa cavatine nous la
dépeint à souhait; cette ingénue, qui pourrait être une
perverse, n'aimera jamais à en mourir. Quant au final de
l'air, il est d'un entraînement irrésistible.

Le grand morceau de la *Calomnie* n'eut pas, semble-
t-il, à sa naissance, la renommée que depuis plus de
quatre-vingts ans il garde encore. Les amateurs de
musique n'aiment pas ordinairement qu'on les dérange
dans leurs habitudes. Ils avaient encore dans l'oreille la
Calumnia de Paësiello. Et ils ne s'apercevaient pas que,
là aussi, le jeune maître avait fait la leçon au vieux.
Où Paësiello a de la vivacité et de la rapidité, Rossini
a de la verve et de la fougue. Où Paësiello n'a que du
mouvement, Rossini sait avoir en plus de l'imagination.
Et par la grâce efficace de cette imagination dramatique
et pittoresque, il excelle à décrire musicalement le dyp-
tique qui, sous l'impression du texte de Beaumarchais,
s'est, en un clin d'œil, dressé devant lui : d'abord la
calomnie rasant la terre, grandissant et, à mesure qu'elle
grandit, s'enflant jusqu'à remplir tout l'espace, lançant
enfin sa foudre et du premier éclat terrassant sa victime;
tout à côté, « le pauvre diable », la victime, sur le dos
de qui les coups pleuvent jusqu'à ce que la fin de ses

gémissements annonce qu'elle a rendu l'âme. « L'oreille
n'est pas l'œil et l'on ne décrit pas avec des sons ». Ainsi
parle le sage. Il est, quand même, une musique descriptive et pittoresque, et sans musique pittoresque la
musique dramatique ne serait point : ainsi pensent les
téméraires, et la *Calumnia* de Rossini donne raison à ces
téméraires.

Parlerons-nous encore d'*Il Barbiere*, comme s'il nous
était possible de faire tenir en quelques lignes l'énumération à peu près complète de ses meilleurs endroits? Mais
on sait que tout ce que l'on y rencontre y est le meilleur possible : et quand nous aurons comparé à une
bataille de fleurs le dialogue musical de Rosine avec
Figaro son compère ; quand nous aurons célébré le final
du premier acte avec ses quatre moments : l'entrée du
comte sur un entraînant mouvement de marche, l'entrée de Figaro qui imprime à l'orchestre, déjà en pleine
verve, comme un élan nouveau ; le bel *andante* à la
Mozart pendant lequel tous s'amusent à regarder Bartholo « froid comme un marbre », et enfin sa lumineuse
et pétillante *strette* ; quand nous aurons rappelé ce parfait exemplaire d'ironie comique qu'est l'air d'Almaviva
déguisé en élève de don Bazile ; quand nous aurons
redit, après tant d'autres, après tout le monde même,
que dans le merveilleux *quintette* les thèmes s'engen-
drent spontanément les uns à la suite des autres par le
plus intelligent des hasards ; enfin quand, à l'avant-der-
nière scène, dans le *terzetto* final, nous aurons salué
l'ombre de J. Haydn qui, pour mieux inspirer son jeune

émule, lui dicta un thème de ses *Saisons*, nous aurons justifié la persistante jeunesse d'*Il Barbiere*, en dépit de son grand âge, et l'« universalité » de sa réputation.

Un artiste tel que Rossini, né pour le théâtre — la preuve en est faite, — s'il excelle au genre comique, peut s'essayer aux genres sérieux et même y réussir : à une condition toutefois, c'est qu'il se résignera à ne faire que des drames, c'est-à-dire à ne point se mesurer avec la tragédie.

En vertu de cette loi et notez que cette loi est généralement inexorable, l'*Otello* de Rossini, né à Naples la même année qu'*Il Barbiere*, se fit admirer par des qualités dont il ne faut pas médire, quand on les manie avec adresse, mais qui engageaient le compositeur dans une direction franchement contraire à celle de la tragédie musicale. La tragédie — musicale ou simplement poétique, il n'importe guère, — admet, et même exige une action tout intérieure. Elle ne se passe jamais de psychologie. Le drame, à proprement parler, s'en passe et fort bien. La matière en reste bien la passion, mais une passion réduite à sa façade et que chacun puisse « voir » de ses propres yeux. Aussi le bon auteur de drame insistera-t-il de préférence sur les passions dont le développement s'accompagne de colère et par conséquent de gestes, sur celles dont les poussées sont intermittentes et explosives. Il s'efforcera d'être *dramatique* tout en restant *scénique*, et il sera d'autant plus facilement scénique qu'il se sera plus longtemps exercé à la comédie, non point assurément à la comédie de caractère,

mais à la comédie bouffe. Telles ont été les vraies causes
du franc et long succès de l'*Otello*.

Le premier acte de ce beau « mélodrame » se termine par un final, dont le moins qu'il y ait à en dire,
c'est qu'il est, tout simplement, l'idéal du genre. — Le
style y manque de poésie, d'élévation, de grandeur!
— Entendu : il ne manque ni de force, ni de vérité
physique. Et comme ce style est approprié au genre!
Comme il est « indicateur » d'attitudes, de poses, j'allais ajouter d'exclamations! Passez maintenant au
« duo » de la jalousie et relisez attentivement le dernier « paragraphe » — je dis « paragraphe » et non
« strophe », car nous sommes en pleine « prose » —,
Otello, persuadé par Jago que Desdemone le trompe,
s'emporte jusqu'à la fureur; dans la voix et dans l'orchestre, les triolets sévissent, comme à l'acte quatrième
de *Robert le Diable*, comme à la fin du troisième acte
de *Rigoletto*. Donizetti et Verdi n'ont plus qu'à venir,
sans oublier Meyerbeer et son intelligent satellite
F. Halévy. Leur route est désormais tracée.

Un genre qui débute ne se maintient presque jamais,
dans son premier exemplaire, conforme à sa définition.
Il lui arrive de côtoyer les genres voisins et, quand l'un
de ces genres est la tragédie, son style, par endroits,
s'anoblit et s'élève. L'*Otello* n'a point échappé à cette
heureuse fortune. Il y est un personnage tragique, Desdemone. Deux grands artistes, deux presque tragé-
diennes, la Pasta et la Malibran, se sont immortalisées
dans ce rôle : la Pasta, « imposante et sévère comme la

douleur », la Malibran, plus agitée, plus impétueuse, « accourant palpitante, noyée dans ses cheveux et dans ses pleurs » (Blaze de Bury, *Musiciens d'hier et d'aujourd'hui*). Tous les hommes de notre âge savent encore par cœur les *Stances* de Musset à la Malibran ; tous s'émeuvent au souvenir de son adorable *Saule*. Desdemone a senti la mort qui s'approche. Pour s'en distraire — la musique nous dit que c'est pour s'y préparer, — elle tire de sa harpe des sons métalliques et chante une chanson que lui chantait sa nourrice. Tout à l'heure, un gondolier passant dans le voisinage récitait sur des vers de Dante un douloureux *lamento* : admirable de simplicité mélodique, ce *lamento* du gondolier, plus déchirant encore que la « romance du *Saule* » N'en doutons pas, ce sont les derniers accents de la tragédie musicale expirante. C'est le dernier adieu du compositeur aux dons lyriques dont l'épanouissement embellissait sa jeunesse.

Un autre adieu va bientôt suivre. Avec la *Cenerentola*, c'est la musique comique qui lance ses derniers éclats de rire. La *Cenerentola* est écrite d'une encre mélangée : on y retrouve de la *Pietra del paragone*, de l'*Italiana*, du *Barbiere*. Mais la plume qui a trempé dans cette encre composite est toute neuve, et le papier aussi. Aimez-vous mieux une autre comparaison ? Nous dirons alors que ce sont les mêmes dessins, ou très peu s'en faut, mais que ce n'est plus le même canevas. Et nous en conclurons qu'il n'en fallait point davantage pour rajeunir des formes musicales un peu fripées à

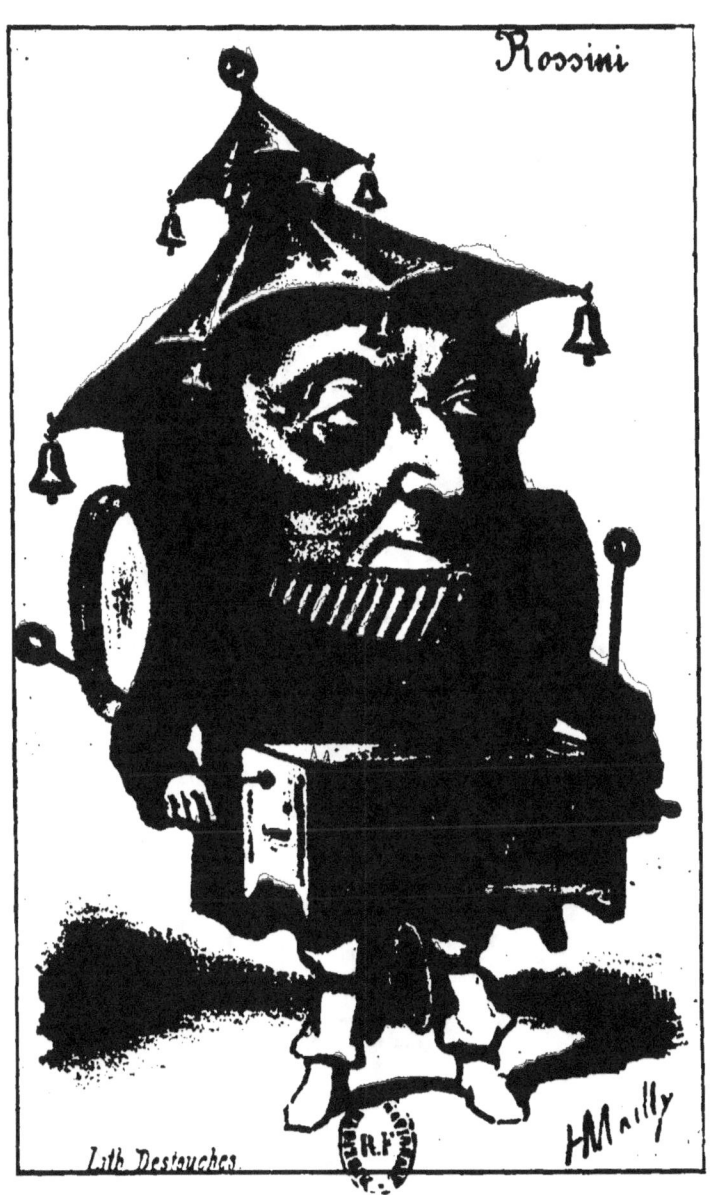

CARICATURE DE ROSSINI.
(D'après un dessin de Mailly, Bibliothèque de l'Opéra.)

force d'avoir trop servi. Mieux vaut, après tout, comprendre ce qui a pu décider du succès d'une œuvre en se plaçant au point de vue de ses contemporains, que de la juger en restant à son point de vue propre et de la déprécier inutilement. D'ailleurs, la *Cenerentola* n'est pas uniformément ennuyeuse à lire. On y « reconnaît » tout ou à peu près tout, mais on y distingue un sextuor fait de main d'ouvrier, un second final tracé par le plus agile des crayons, et l'on en vient à se persuader que les pages préférées en leur temps eurent raison de l'être.

La *Cenerentola* est née à Rome. La *Gazza ladra* naquit, la même année, à la Scala de Milan (1816). Tout le monde connaît le sujet de la *Pie voleuse*. Une pie s'est emparée d'une cuiller d'argent et s'est envolée la tenant en son bec, à l'insu de tout le village, car c'est au village que nous sommes et non plus à la ville. Ninetta, une pauvre servante, accusée d'avoir volé la cuiller, est conduite en prison, traduite devant les juges, condamnée à mourir, traînée au supplice, quand tout à coup, un malin s'avise de regarder dans le nid de la pie et d'y retrouver la cuiller. Et cela finit par un mariage. La pièce commence par une comédie, je veux dire par une suite de tableaux de la vie paysanne qui prêtent volontiers au développement musical. Le final du premier acte annonce le drame. Le second acte est rempli de scènes pathétiques, tragiques, lugubres mêmes. Il y en a donc pour tous les goûts et, par là même, pour tous les genres : le comique et le dramatique. Rossini, s'entendant à l'un et à l'autre, s'il est en veine et en verve, trouvera l'occasion d'écrire un de ses meilleurs opéras. Il eut, en effet, la bonne fortune d'écrire, non pas un chef-d'œuvre, non pas même une pièce semée de chefs-d'œuvre, mais un drame musical des mieux venus, où chaque morceau est à sa place, et si bien approprié que chaque page nouvelle satisfait notre attente. La musique de la *Gazza ladra* n'est pas faite de génie. Si on l'a prétendu en son temps, on a exagéré. Elle est aisée sans abandon, agréable plutôt que gracieuse (n'oublions pas que nous avons affaire à des paysans). Elle est alerte et agile, mais non pas ardente et n'a rien de cette impétuosité volcanique qu'un public voisin du Vésuve admirait dans l'*Otello*.

L'ouverture de la *Gazza ladra* n'est pas comparable à celle de *Guillaume Tell*. Elle surpasse néanmoins d'assez haut toutes les autres ouvertures de Rossini, sans même en excepter celle de *Sémiramis*. Le *maëstoso marziale* qui la commence, avec ses trois appels de tambour, excita l'admiration milanaise. N'en sourions pas trop. Cette façon d'exorde *ex abrupto* était alors une hardiesse ; sans compter que le thème de la marche était franc et de belle humeur. Le thème mineur à trois temps qui fait suite au *marziale* est un motif alerte et triste ; coupé par un thème majeur semblablement dessiné, il achève, à son tour, de caractériser l'ouverture et de faire pressentir que, pour la première fois peut-être, chez Rossini, elle adhère au fond même du sujet.

La partition de la *Gazza* est, de tout point, digne de
son ouverture. Elle a vieilli lentement. On en chante
encore, mais on ne la chante plus. Le temps est déjà
loin où tous les yeux se mouillaient pendant la « marche
au supplice ». On la déclarait belle : pour en trouver
le thème, Rossini n'avait eu presque qu'à transcrire sur
le mode mineur son ancienne marche guerrière d'*Otello*,
et il en avait tiré une page assez sincèrement lugubre.
Nous lui préférons, et de beaucoup, deux autres morceaux : la cavatine de Ninetta, au premier acte, dessinée avec élégance, nuancée de tendresse et de quelque
mélancolie ; au second acte, le duetto « de la prison »,
écrit pour deux voix de femme et très curieusement
pathétique. Ninetta va paraître devant le tribunal, et,
avant de quitter la prison, fait à Pippo, son ami,
ses recommandations dernières. Alors se dessine un
andante en *sol majeur*, d'une expression attendris-
sante et que, pour rendre déchirante, il suffirait de
savoir chanter. L'entretien se prolonge, l'émotion gagne
de proche en proche, le mode mineur s'insinue progressivement et définitivement s'établit. Bientôt, la
mesure change, le mouvement s'accélère, le thème de
l'ouverture reparaît dans l'orchestre. Il nous avait
naguère assombri par sa tristesse. Il nous opprime
maintenant par son angoisse : quelque soin qu'on
apporte à exprimer par la musique une situation morale,
encore faut-il nous en rendre témoins pour nous faire
comprendre ce dont la musique, sans le secours du
drame, ne saurait qu'éveiller l'obscur pressentiment.

La *Gazza ladra*, elle aussi, a son importance historique. Elle n'est point comme l'*Otello*, le premier
exemplaire d'un vaste genre, mais le premier type
d'une de ses variétés. Faite d'un acte de mélodrame
précédé d'un autre acte, lequel n'est, à le bien
prendre, qu'une suite de tableaux mouvants et vivants,
elle est, à cela près que le vaudeville y remplacera le
mélodrame, coulée dans le moule de notre futur opéra-
comique français. Otez maintenant les accessoires pittoresques, ramassez l'action, faites jaillir plus vives et
plus fortes les sources de l'émotion dramatique, et vous
aurez l'équivalent d'une *Cavalleria* ou d'un *Paillasse*.

Après la *Gazza*, quand parut *Armida*, œuvre souriante et d'une jolie lumière, Rossini eut l'air de vou-
loir rajeunir son talent. L'*Armida*, sans doute, fit
penser à *Tancredi*. Le *Mosé in Egitto* donna une
impression toute différente : celle d'un compositeur
italien faisant effort pour « germaniser » sa manière. Le
Mosé n'en est pas moins une sorte d'*oratorio* traversé
par de l'opéra comique; l'amour n'y sort pas de la
galanterie, et, quand le peuple de Dieu se laisse em-
porter par un mouvement d'allégresse, il affecte la joie
bruyante d'une foule endimanchée. Le prétendu « ger-
manisme » de Rossini s'est concentré dans le chœur
d'introduction, d'un mouvement lent, où la phrase plain-
tive, chantée par l'orchestre et soutenue par les accords
vocaux, module incessamment, faisant effort pour
s'échapper vers la lumière et toujours inexorablement
refoulée dans les ténèbres. La phrase est souple, elle

est aisée. Musicalement, elle est, dirions-nous, on ne
peut plus « écrite ». Psychologiquement, on la dirait
opprimante, accablante et sonnante, presque à chaque
mesure, le glas de l'irréparable. Le succès de ce beau
« chœur des ténèbres » se décida dès le premier soir.
« A cette époque, écrit Stendhal, Rossini n'avait rien fait
d'aussi *savant* que cette introduction ». Il n'avait rien
fait non plus qui donnât cette impression de grandeur
tragique. Cette impression devait se renouveler dans
Mi manca la voce, un quatuor, où l'accession progres-
sive des voix fait songer à un édifice commencé par le
sommet et s'allongeant graduellement jusqu'au sol. Le
quatuor, qui correspond à un moment de surprise,
d'une surprise causée par l'entrée soudaine d'un
témoin imprévu, manque d'agitation peut-être; mais la
noble tranquillité de son thème, la solidité de son
architecture, la profondeur de l'émotion contenue qu'il
laisse deviner encore plus qu'il ne l'exprime, élèvent
ce moment dramatique à la hauteur de la vraie tragédie.
Pourquoi faut-il que les Napolitains — et plus tard tous
les Italiens — se soient oubliés jusqu'à célébrer sur
le même ton d'autres pages, écrites d'une main ou
plus hâtive ou plus distraite, et nullement à leur
place en un pareil sujet? C'est qu'ils aimaient le mouvement pour lui-même, ce mouvement sonore qui, pendant les relais de la faculté créatrice, n'est pas grand'-
chose de plus qu'un agréable bruit.

En citant les parties durables du *Mosé in Egitto*, --
elles sont rares, mais de tout premier ordre, — nous

avons omis la *Prière*. C'est qu'aussi bien, tout d'abord, Rossini et son librettiste Tottola ne l'avaient nullement prévue. Elle fut écrite plusieurs mois après la première représentation, au moment de la reprise, et pour assurer le salut du troisième acte. Les Hébreux arrivaient sur les bords de la mer Rouge et, malgré le geste impératif de Moïse, la mer Rouge refusait de se laisser passer. Les spectateurs s'en amusaient et le *Mosé* se terminait dans un long éclat de rire. Tottola eut l'idée de la *Prière*. Il en improvisa le texte, Rossini en improvisa la musique. Trois arpèges de harpe, un large thème en *sol mineur*, chanté par Moïse repris en *si bémol majeur* par le peuple, pendant une courte cadence. Aaron chante la seconde strophe, Elcia, la jeune juive aimée du fils de Pharaon et toute à son repentir d'amour, récite la troisième : nouvelle cadence en *si bémol*. Tout à coup la phrase s'illumine et fait, dans le ton de *sol majeur*, une irruption soudaine et foudroyante. Toutes les voix s'élèvent et s'élancent comme pour contraindre le Seigneur à faire le miracle. En effet, sur un geste de Moïse, les flots de la mer Rouge se sont écartés. C'est le moment auguste de la prière. C'est, dans la salle, le moment du *fortissimo* de l'enthousiasme. Des femmes même s'évanouissent, terrassées par la modulation inattendue.

Telle est « l'histoire » de la « Prière de Moïse ». En voici la « genèse ». Au moment où Rossini écrivait son thème, il le dessinait et le modulait à la manière du *Saule :* même ton, même mode, mêmes cadences, mêmes

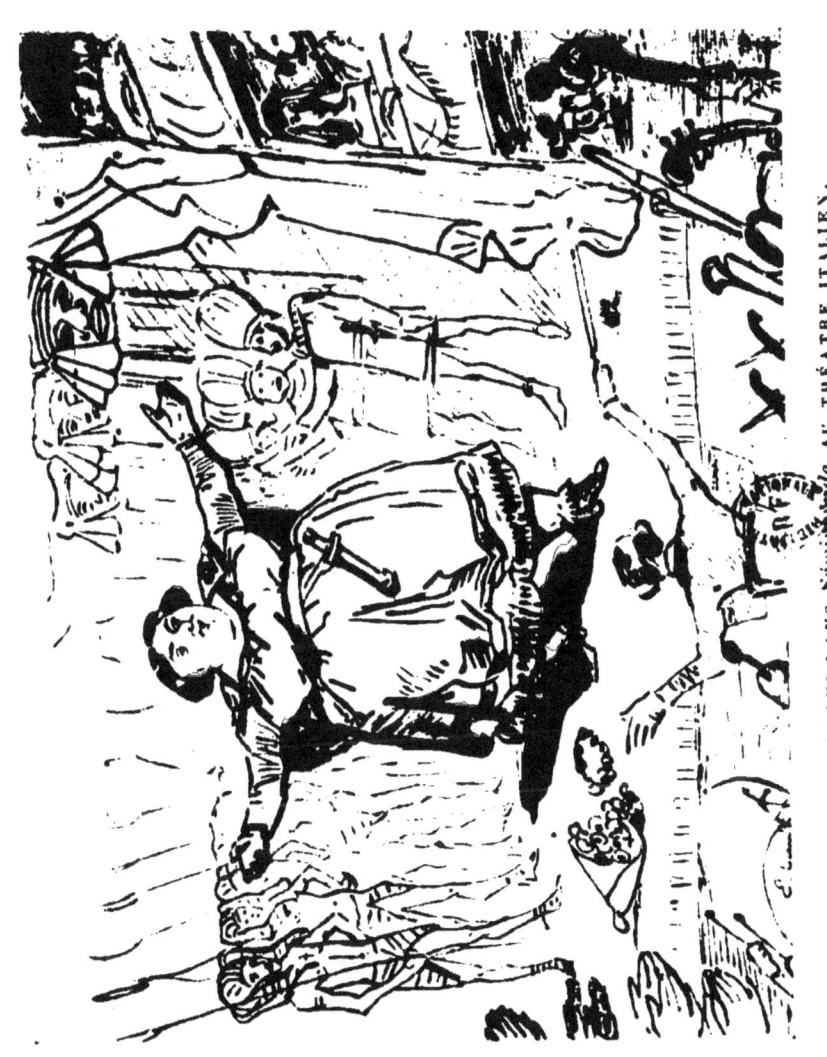

MADAME ALBONI DANS *Sémiramide* AU THÉATRE ITALIEN.
Caricature d'après un dessin à la plume de Giraud. Bibliothèque de l'opéra.

4

arpèges initiaux. Les situations dramatiques étaient différentes, mais l'emploi d'un même moyen instrumental, la
harpe, avait apparemment suffi pour orienter dans une
direction toute semblable l'imagination du musicien.

Entre le *Mosé* et la *Donna del lago* (Naples, 1819),
sans parler ni du *Riccardo e Zoraïde*, opéra fort agréable et médiocrement original, ni de l'*Eduardo e Cristina*, véritable *centone*, puisque la musique en est
partout empruntée, se place l'*Ermione*, dont les amateurs ordinaires du théâtre San-Carlo méconnurent la
valeur. Le style en est austère, exempt d'ornements,
animé d'un souffle dramatique parfois un peu rude,
presque toujours véhément ou vigoureux. Ce n'est
point là le style de Gluck. On dirait plutôt la manière
de Spontini, dans la *Vestale*. L'effort du compositeur
pour faire reculer l'action musicale à l'intérieur des personnages est assez constamment sensible et très souvent heureux. L'*Ermione* n'a point d'ouverture : un
long prologue musical lui en tient lieu, interrompu à
deux reprises par une brève et saisissante interjec-
tion chorale. Ce sont les Troyennes qui pleurent la
chute de Troie. Et, quand reprennent les agitations de
l'orchestre, déjà nous nous figurons entendre le prélude
instrumental du *Stabat Mater*.

Tombée le premier soir (octobre 1819), où l'on avait
crié, sifflé, raillé le plus bel endroit de la pièce, obligé
Rossini à fuir loin de l'orchestre et à prendre le chemin de Milan — il y avait d'ailleurs affaire, — la
Donna del lago eut, dès le lendemain, une assez belle

revanche. C'est une œuvre plus avenante que belle, et d'une variété d'invention peu commune. « Œuvre épique » au dire de Stendhal, en raison de ses qualités pittoresques. Et Stendhal ne s'y est pas trompé. Associer la nature à l'action est plutôt dans les habitudes de l'épopée ou du roman que dans celles du drame. — Très peu après le chœur d'introduction où se laisse entrevoir une intention descriptive, le salut de l'héroïne au soleil couchant, qui deviendra, pour ainsi parler, le motif typique de l'œuvre, trahit une légère recherche de couleur locale. Quant au final du premier acte, conçu dans une manière nouvelle, c'est un fort brillant tableau de la vie héroïque en Ecosse. Ici, des bardes dont les arpèges de harpe scandent le mâle chant de guerre ; là, des guerriers qu'un chœur de trompettes accompagne et qui, allègrement, se disposent à combattre. Et les moments dramatiques de l'œuvre en égalent presque les moments pittoresques ; on en donnerait volontiers pour exemple le final d'un duo très pathétique, où Rossini exprime avec vérité et vigueur le sentiment d'épouvante que fait naître la mort, quand elle est, ou qu'on la croit toute prochaine. Disons pourtant toute notre pensée : le véritable intérêt de la *Donna del lago* est historique ; il est moins dans ce qu'elle donne que dans ce qu'elle promet. Et ce qu'elle nous promet — à longue, très longue échéance — n'en doutons pas, c'est le « pittoresque » de *Guillaume Tell*.

Pour en finir avec la période napolitaine, il nous reste à citer : *Bianca e Faliero*, opéra milanais, dont la

Donna del lago a recueilli les précieux restes, un duo
et un quatuor, à travers lesquels passent des souffles de
Tancrède ; Matilda di Shabran, opéra romain dirigé en
personne par le violoniste Paganini ; le *Maometto*, des-
tiné à renaître plus tard sous le nom de *Siège de Corinthe*,
écrit, paraît-il, sous une comique impression d'effroi :
pendant que la main droite du compositeur remplissait
le papier de taches noires, la main gauche faisait les
cornes, le librettiste de l'opéra s'étant acquis un renom
de *jettatore;* en dernier lieu, *Zelmira*, destinée au
théâtre de Vienne, essayée au mois de décembre 1821,
sur le théâtre San-Carlo.

En 1820, les Napolitains avaient joué à la guerre
civile, et Rossini, pendant neuf jours, avait joué
au soldat. Quand la révolution fut finie, le nouveau
gouvernement supprima la maison de jeu de laquelle
Barbaja tirait ses plus gros bénéfices, et Rossini se
dégoûta de Naples. Il en partit pour Vienne, dans les
derniers jours de 1821. Il emmenait avec lui Mlle Colbran, qu'il venait d'épouser en justes noces (décembre 1821 ou janvier 1822 ?), pendant un court arrêt à
Bologne, dans la chapelle attenant au palais du cardinal-
archevêque.

IV

Isabelle Colbran, de sept ans l'aînée de son mari,
possédait une villa en Sicile et près de vingt mille francs

de rente. Content de la vie qu'il vient de se faire, Rossini va se reposer de créer. Entre *Zelmira* et le *Siège de Corinthe*, agrandissement du *Maometto*, il n'écrira que *Semiramide*.

Les Napolitains avaient applaudi *Zelmira*. Les Viennois s'en éprirent. Carpani, l'auteur des *Haydines*, et qui allait bientôt devenir celui des *Rossiniane lettere*, fit du nouvel opéra le plus ardent panégyrique. D'invention, d'exécution, de mise au point, tout lui en parut admirable. Un peu monté de ton, l'éloge de Carpani, malgré l'abus des généralités et la maigreur des analyses, est celui d'un connaisseur. Il loua la tenue de l'œuvre, la solidité de sa construction, l'appropriation de son style, non pas seulement aux situations, mais aux nuances changeantes des sentiments et des passions. Je ne sais pas en combien de jours *Zelmira* fut écrite, et cela n'importe guère. Je sais à n'en pas douter que, si les bonnes fortunes d'inspiration s'y rencontrent, et aussi, par cela même, les différences de niveau, il ne s'y trouve point non plus de disparate. *Zelmira* n'a pas d'ouverture, et c'est là un fort bon symptôme : l'auteur avant de se mettre à l'ouvrage a voulu connaître son sujet. Et de l'introduction au dernier final, s'il n'a pas constamment serré de près le texte, il l'a du moins toujours fidèlement suivi, se disant selon toute vraisemblance qu'il travaillait pour les Viennois, gens d'humeur moins mobile que les Napolitains, mais d'un goût à la fois plus difficile et plus éclairé. Il s'y est exercé à mesurer son essor avant de le prendre, et ses effets avant de les produire. La

souplesse ordinaire de l'imagination n'y a rien perdu.
J'en donnerais pour témoignage une des pages les plus
exquises de *Zelmira* et de tout Rossini, un *duetto* pour
voix de femme, écrit à la manière de la célèbre romance
Tre giorni de Pergolèse, dessiné sur le même modèle,
où la strophe en *fa mineur* — le ton de Pergolèse —
est suivie d'une autre en *majeur*, admirablement lumineuse et doucement rayonnante.

Le séjour du compositeur à Vienne fut marqué par un
douloureux épisode. Rossini alla voir Beethoven. Il le
trouva à peu près complètement sourd, la vue affaiblie,
dans un appartement d'apparence misérable. Ainsi, les
deux compositeurs se sont vus, mais, quoi qu'en ait
dit la légende, ils ne se sont point parlé.

De Vienne, Rossini retourna chez ses parents, à Bologne, y commença *Semiramide* promise aux Vénitiens
pour l'année qui allait venir et sur l'invitation de Metter-
nich se rendit au Congrès de Vérone. Il y prit part à sa
manière, en composant des morceaux de circonstance,
marches et cantates, qui lui valurent d'être applaudi par
les principaux souverains de l'Europe. Le roi de France
n'y était pas, mais Chateaubriand le représentait, et
Chateaubriand se dérangea, dit-on, pour rendre visite
au *maëstro*.

Semiramide est maintenant à la veille de naître. Sa
première représentation aura lieu le 3 février 1823 au
théâtre de la Fenice. On s'attend à un succès considérable... et c'est le contraire qui se prépare.

La partition de *Semiramide*, excessivement volumi-

neuse, écrite en moins de quarante jours, a passé longtemps pour la meilleure de Rossini, après *Guillaume
Tell*, dans le genre du grand opéra. On s'est fâché contre
les Vénitiens parce qu'ils l'avaient accueillie froidement.
On s'est enthousiasmé de son ouverture dont la richesse
thématique est, il est vrai, peu commune, mais dont la
composition ne révèle, tant s'en faut, aucun effort d'originalité. On a célébré à l'envi le final de son premier
acte. Il est d'une bonne couleur, mais d'un tragique un
peu vulgaire. Verdi en imitera les soubresauts dans son
Miserere du *Trovatore* : la meilleure partie en est
l'exorde où nous retrouvons le bel *andante* de l'ouverture. La *Prière* du dernier acte manque généralement
sur la liste des « beautés » de *Sémiramis*. Elle est, en
effet, assez courte, trop courte même. Elle a de l'émotion
et de la sincérité. On parlait encore naguère du dernier
trio ; on peut remarquer que ce trio débute comme
certain quintette de Mozart dans le *Cosi fan tutte*. Il
n'en devient pas meilleur pour cela : le style en est
pauvre, verbeux, essoufflé. Parlerons-nous maintenant
des pages regrettables ou même décidément ridicules de
cet opéra surfait? Le moins qu'il y aurait à en dire
serait qu'elles nous offrent en musique un presque parfait exemplaire du style rococo. Les Vénitiens aimaient
Rossini et ils avaient raison : ils détestaient *Semiramide*
et ils avaient encore raison.

Ne disons pas que l'insuccès de *Semiramide* fit partir
Rossini pour Londres. Il avait depuis longtemps conçu
le dessein de voyager en Europe, et c'est de Londres que

lui était venu le premier appel. Il s'était engagé à
écrire un opéra sérieux, *La Figlia dell' Aria*, pour le
théâtre royal : Mme Rossini-Colbran avait promis de s'y
faire entendre.

Il faut lire dans le *Rossini* d'Azevedo le récit fort amu-
sant du voyage à Londres et surtout des trois semaines
qui le précédèrent et qui furent passées à Paris. On ne
connaît aujourd'hui le restaurant du *Veau qui tète* que
par *Le chapeau de paille d'Italie*. Ce restaurant eut
l'honneur de recevoir Rossini aux sons de l'ouverture
de la *Gazza ladra*. Rossini était naturellement le héros
de la fête. C'est là que fut porté un toast à la nouvelle
école de musique italienne. Rossini riposta par un
toast à l'école française et à Mozart, après quoi les orga-
nisateurs du banquet quittèrent la salle, faisant la conduite au maître, cependant que l'orchestre exécutait le
Buona sera du *Barbiere* : « Allez vite, cher Basile...
etc. » Ceci se passait un dimanche de novembre 1823.
Quelques jours plus tard, l'Académie des Beaux-Arts
élisait Rossini d'acclamation, à titre d'associé étranger,
cependant que dans le groupe de la section de musique
les uns faisaient silence et les autres grognaient. Tous
nos compositeurs français, comme bien l'on pense,
n'étaient pas rossiniens. Berton même, l'aimable et facile
auteur de *Montano et Stéphanie*, ne pouvait parler de
Rossini sans froncer le sourcil : il l'appelait *Mon-
sieur Crescendo* dans ses jours de railleuse humeur, et *Il
signor Vacarmini* dans ses moments de rage. Même
il avait fait assaut de rhétorique : un pamphlet contre la

« musique mécanique » celle de Rossini, au profit de la
« musique philosophique », celle des autres, sans oublier
la sienne, lui avait été dicté par son implacable et inin-
telligente antipathie.

Le public parisien, que ces querelles intéressaient
médiocrement, se portait en foule au Théâtre italien, le
20 novembre 1843. On y jouait *Otello*. Garcia y chantait
le rôle du More, Mme Pasta, la grande tragédienne canta-
trice, y remplissait celui de Desdemone. Rossini se montra
au théâtre et de tous côtés on l'acclama. Il y avait six
ans d'ailleurs que son nom et ses œuvres avaient commencé de faire brèche dans le goût français.

Le 29 novembre, Scribe faisait représenter au Gymnase
un à-propos burlesque : *Le grand repas de Rossini à Paris*.
La *Quotidienne* s'en réjouissait. Le 7 décembre, Rossini
s'embarquait pour Londres.

La traversée fut pénible. A peine débarqué, Rossini
s'excusait de ne point recevoir l'ambassadeur de Russie
qui venait le saluer au nom du roi Georges IV. Il
mit trois jours à se remettre du voyage. Dès qu'il fut réta-
bli, le roi lui dépêcha une chaise à porteurs montée sur
roues. C'est donc en *vinaigrette* que Rossini fit son
entrée à la cour royale d'Angleterre. On l'y reçut roya-
lement. Il se promenait au bras du roi dans la salle des
concerts ; l'orchestre jouait l'ouverture de la *Gazza
ladra*; Rossini, pour répondre à la politesse, demandait
à entendre le *God save the King*. Puis les présentations
commençaient. On organisait des concerts à cinquante
francs le billet. Dans ces concerts, Rossini accompa-

gnait au piano et chantait. Puis il se faisait entendre
dans plusieurs salons où, comme disent les Italiens,
son amabilité était largement « reconnue ». Au théâtre,
on avait joué avec succès *Otello et Zelmira*. La *Figlia
dell Aria* s'écrivait. Le manuscrit du premier acte était
déjà aux mains du directeur. Mais les affaires du directeur allaient mal, la faillite était prochaine. Quand elle
fut déclarée, Rossini réclama vainement son manuscrit
et ses honoraires, et au moment de s'embarquer pour
Paris, il dut se contenter des cent soixante quinze mille
francs que lui avaient valus sa bonne humeur et sa belle
voix de baryton.

V

Rossini, avant de quitter Londres, avait été prié par
M. de Polignac, alors ambassadeur de France, d'accepter
la direction du Théâtre italien. On sait que, dès le
xviiie siècle, des troupes italiennes avaient chanté en
France : autrement la retentissante querelle des gluc-
kistes et des piccinistes n'aurait jamais été possible. Ce
qu'on sait moins, c'est que la création d'un théâtre italien
à Paris émana de l'initiative impériale. Italien de race,
Napoléon Ier l'était resté dans ses goûts. Il aimait Spontini et admirait sa *Vestale*. Il avait confié la direction
du Conservatoire à l'italien Cherubini. Le premier directeur du Théâtre italien de Paris fut Paër, le second
Rossini. Paër n'aimait pas Rossini, et c'est vraisembla-

blement à contre cœur qu'il avait subi la nécessité de
faire connaître aux Parisiens les œuvres de son jeune
rival. Le rival se montra généreux en acceptant de diriger le théâtre; il demanda et obtint que Paër ne fût
point destitué. La durée de la direction était fixée à dix-
huit mois, pas davantage.

Rossini savait le métier; il l'avait exercé à Naples
pour le compte de Barbaja et Barbaja ne s'était jamais
plaint. Mais le métier de directeur déplaisait à Rossini.
Aussitôt installé dans ses fonctions nouvelles, il chargea
Hérold de la conduite des chœurs et fit venir d'Italie ses
meilleurs artistes entr'autres Esther Mombelli et Rubini,
l'incomparable ténor. A-t-il été, comme on l'a dit, admi-
nistrateur médiocre? Fétis tient pour l'affirmative, Azevedo se donne, pour nous persuader du contraire, les
peines les plus inutiles; car de nous rappeler que pendant qu'il dirigea le Théâtre italien, Rossini fit monter la
Donna del lago et il *Viaggio a Reims*, composé à l'occasion
du sacre de Charles X, si cela prouve que Rossini savait
prendre soin de sa réputation, cela ne prouve nullement
qu'il s'entendît à diriger un théâtre.

Nous voici en 1825, à quatre ans de *Guillaume Tell*.
Rossini va employer ces quatre ans à faire connaître
aux Parisiens la *Semiramide* et *Zelmira* froidement
accueillis, d'ailleurs, à remettre *Maometto* sur le métier,
à replacer son *Mosé in Egitto* dans un plus vaste cadre,
et à métamorphoser en *Comte Ory* le *Viaggio a Reims*.
Il quittera la direction des Italiens et se fera nommer
par le vicomte Sosthène de La Rochefoucauld intendant

de la liste civile, « inspecteur du chant en France ». Il
n'a jamais su bien quelles étaient ces fonctions. Il savait
mieux à quoi l'engageait son autre titre de « compositeur du Roi ». Et consciencieusement il s'appliquait
à s'en montrer digne. Il travaillait posément, ce qui
n'était point dans ses habitudes. Il n'avait qu'un théâtre
à fournir, l'Opéra de Paris ; et en écrivant pour la première scène de France, il écrivait pour la France entière.
Paris, d'ailleurs, lui offrait des ressources exceptionnelles
en chanteurs et en instrumentistes. Le symphoniste qui,
à de certains moments de la carrière italienne avait
percé sous le « vocaliste », allait pouvoir se déployer
librement. Il allait aussi compter avec les exigences
d'un public, très différent du public italien, moins
exclusivement accessible au charme des sons, ami de la
musique sans doute, l'aimant néanmoins d'une façon
plus intelligente? peut-être pas ; à coup sûr plus intel-
lectuelle, j'allais dire plus littéraire. Rossini, en homme
prompt à saisir les différences de milieu, — souvenons-
nous de *Zelmira*, — comprit qu'il fallait s'assujettir à
de nouvelles conditions de travail et modifier au besoin
sa façon de composer et d'écrire. Il comprit qu'une
musique faite pour être chantée doit s'adapter à la
langue des paroles. Il s'aperçut que la langue française,
moins liquide que la langue italienne, s'accommodait
moins des déluges de notes, et que l'habitude de détacher
les syllabes ne permettait pas au chanteur français de
multiplier, comme à plaisir, les ornements de la phrase
musicale. Il s'aperçut aussi qu'en France les représen-

tations étaient plus longues qu'en Italie, et comportaient plus d'actes. Bref, sans rien abandonner de l'essentiel de sa langue musicale, sans rien changer ni à son vocabulaire ni à sa syntaxe, il se mit à discipliner son style, et sans l'éteindre, il s'efforça de l'assagir.

Il y parvint aisément. N'avait-il pas écrit *Ermione* et *Zelmira*, deux œuvres orientées dans la direction de Gluck, avait-t-on dit, très rossiniennes l'une et l'autre, pourtant, mais où il semble que la psychologie musicale des sentiments ait gagné de la pénétration, presque de la profondeur? Il ne s'agissait donc ni de se renouveler, ni de se transformer, mais seulement de bâtir là où jadis il avait campé.

Le lundi 9 octobre 1826, le *Siège de Corinthe* fut joué à l'Opéra. « Nourrit père, lisons-nous dans Azevedo, Alphonse Nourrit, Derivis père, Prévost, Mlles Conti et Frémont interprétèrent cette œuvre grandiose. » Œuvre d'un genre grandiose, peut-être, mais c'est tout. La rhétorique n'y est plus celle de la *Semiramide*. A cette rhétorique — car c'en est encore vraiment une, — un Adolphe Nourrit a pu prêter les accents de son éloquence. Il fut, nous le savons, un Néoclès extraordinaire. Nourrit d'ailleurs était très artiste et très intelligent; même il savait versifier pour mettre en musique. Rossini l'appelait son « poète adjoint » et ne dédaignait pas ses conseils. Dérivis père fut sans doute aussi un bon Mahomet. De cette représentation date une ère nouvelle dans l'histoire de notre Académie de musique. Nous ne sommes pas très loin de la *Muette*.

Mais la *Muette* ne viendra qu'un peu plus tard. Le *Siège de Corinthe* est donc le premier grand opéra véritable qui ait été joué à l'Opéra, le premier grand opéra qui soit un drame et non plus une tragédie. Ceci reconnu et l'immensité du succès mise hors de discussion, il reste permis d'expliquer ce succès par la nouveauté du genre et la valeur des interprètes. A la lecture on est franchement déçu. Certes, la scène d'introduction a de la vigueur, au besoin même elle aurait de l'éclat. Le début du second final est d'une construction solide; l'homme de métier s'y révèle; pourquoi faut-il que la fin et même le milieu en déparent l'exorde? La « Bénédiction des drapeaux » ne manque pas de solennité, non plus. La voix de basse y est profondément soutenue par les accords stridents et colorés de tout l'orchestre : on dirait une étude pour le « chœur des trois cantons » de *Guillaume Tell*. Les airs et les cavatines sont écrits dans le goût du sujet. Il n'y a pas de contre-sens dramatiques. Les fleurs artificielles du temps de *Sémiramis* ont heureusement disparu. C'est de l'ouvrage bien fait. Ce n'est point davantage.

Le *Moïse* est certes davantage; je veux dire que les additions à l'ancien *Mosé in Egitto* annoncent un génie robuste et conscient de sa force. La presse française ne s'y est pas trompée. « Le public, écrivait-on au *Consti-*« *tutionnel*, applaudissait le *Siège de Corinthe* par égard « pour M. Rossini, avant-hier il a applaudi *Moïse* pour « *Moïse* lui-même. » Le *Globe*, de son côté, admirait sans réserve. Le difficile Cherubini se déclarait satisfait. Il

y avait lieu de l'être. Car s'il ne s'agissait que d'agran-
dir le cadre de l'ancien *Mosé in Egitto*, l'agrandissement
n'allait pas sans quelque péril. Il n'y avait plus à recommencer le « chœur des Ténèbres ». Mais un acte tout
entier restait à écrire et il fallait se reprendre à la redou-
table figure de Moïse, la retailler à nouveau comme dans
le marbre, en accroître les proportions et, par là même,
la recréer de toutes pièces. Bref, il fallait remonter sur
ces anciens sommets où l'on ne reste pas, d'où Rossini
lui-même, dans ce même *Mosé*, s'était laissé précipiter
par la plus impardonnable et presque la plus sacrilège des négligences. Rossini remonta les hauteurs
de 1818, et cette fois, il sut y garder l'équilibre. Le premier acte du nouveau *Moïse* est comme un long portrait
du héros, tracé d'une main hardie, guidée par une vision
d'une lucidité inaltérable. Ce n'est assurément pas le
Moïse de Michel-Ange, en qui le surhumain et l'inhumain
se mêlent et dont le regard donne la mort. C'est le Moïse
d'avant le Sinaï et qui n'a pas encore reçu le baptême du
feu. Il a de la majesté dans la démarche, de la sérénité
dans le regard; Pharaon seul le craint, et avec Pharaon tout le peuple d'Egypte; j'en atteste le final du troisième acte avec son mémorable « crescendo chromati-
que ». Mais au peuple Hébreu, ce que son chef inspire,
c'est de la confiance et presque de l'adoration.

Pour se baigner les yeux dans une lumière moins
ardente et imprimer à son imagination une secousse qui
réussît à la détendre, il n'était rien de tel que s'adresser à Scribe. Scribe avait, depuis 1816, un vaudeville tout

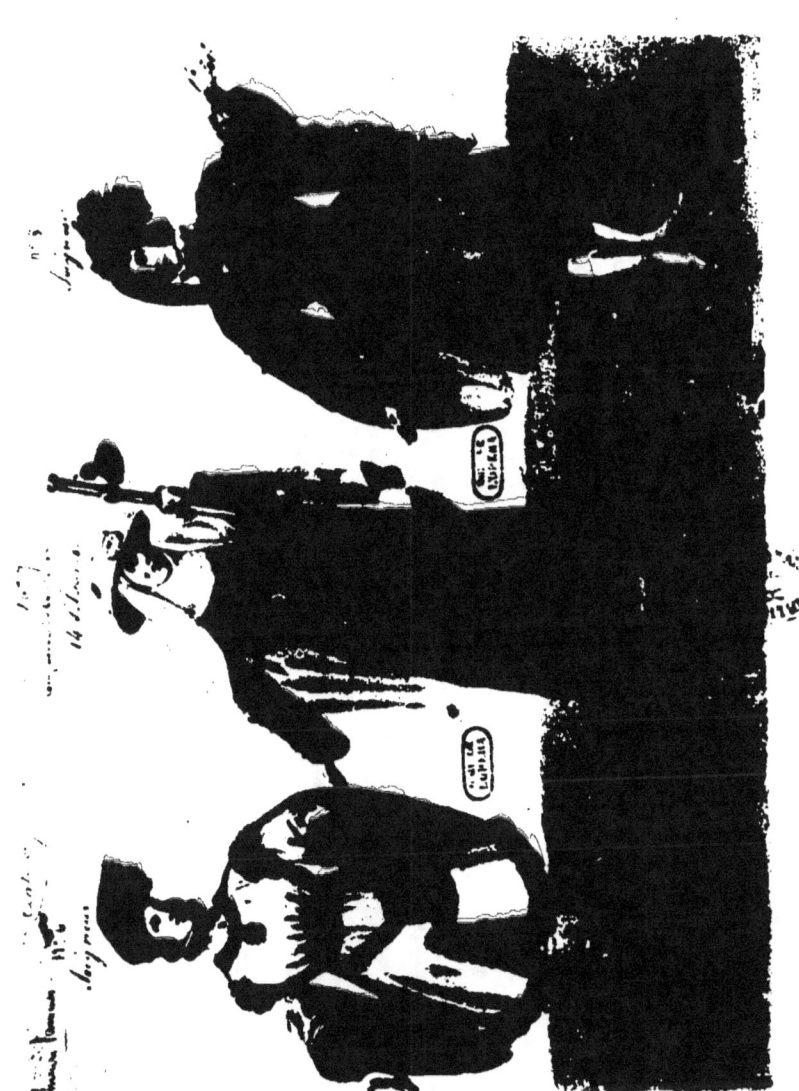

COSTUMES DU *Comte Ory* (1828).

(D'après l'aquarelle d'Hippolyte Lecomte. Bibliothèque de l'Opéra.)

prêt à devenir un livret d'opéra : il ne lui manquait que les vers. Rossini de son côté voulait utiliser les morceaux de son *Viaggio a Reims*, pour en tirer... un opéra ou un opéra comique? N'oublions pas qu'en France et en l'an de grâce 1827, toute œuvre de théâtre, où l'on chantait d'un bout à l'autre, quel qu'en fût le sujet portait le nom de « grand opéra » et se jouait à l'Académie royale de musique. Le *Comte Ory* est donc un grand opéra.

Qu'est-ce que ce comte Ory, le héros du vaudeville ? Un chef de bande, d'une bande joyeuse, un maître viveur si jamais il en fut, mais du meilleur monde, galant avec les dames, s'en croyant épris, s'en croyant aimé, jusqu'à presque leur inspirer sa croyance. Le *Comte Ory* aura donc une ou deux scènes d'amour, sans qu'il y ait de l'amour. Il aura surtout des scènes amusantes et risibles par l'excès même de leur invraisemblance. Le comte se déguisera en ermite, afin de recevoir des confidences amoureuses. Le comte et ses compagnons se travestiront en nonnes pour se faire ouvrir les portes du château où s'est retirée l'amoureuse du comte. On videra les caves du château, on échangera avec la comtesse quelques propos galants, presque tendres, et tout se terminera sans faire à la morale ou même à la pudeur la plus légère entorse. Scribe, pour ces tours de force-là, n'avait pas son pareil.

La musique du *Comte Ory*, non plus, n'a point sa pareille. Elle ne l'a point dans Rossini. Elle l'aurait plus facilement dans Boïeldieu, ou même dans Hérold, dans l'Hérold du *Pré aux Clercs*. — Le *Pré aux Clercs* n'existe

pas encore ! — Nous le savons, il n'importe. L'illusion
d'emprunt est quand même irrésistible et elle l'est à
deux reprises : dans le duo du premier acte « une
dame de haut parage », dans le final de ce premier acte,
au dernier mouvement. Quant à Boïeldieu, relisez la
cavatine du comte pendant qu'il s'est fait ermite et
saluez l'auteur de la *Dame Blanche* ! Nous sommes donc
en plein dans la musique française.

Et voici que tout change. Le second acte commence
et l'*introduction* nous dépayse. Oh ! nous ne retourne-
rons pas en Italie et s'il nous arrive d'en passer la
frontière, nous en serons quittes pour la repasser de
nouveau. Mais, il n'y a pas à dire, ce n'est pas dans
le sol de la France qu'a germé le délicieux *andante
scherzando*, qui ouvre l'acte. Où donc Rossini est-il allé
prendre cette forme si neuve et d'une distinction si rare ?
On m'avertit, — lisez dans le *Dictionnary of music
and musicians* de Grove, l'excellent article *Rossini*, si
bien informé de Gustave Chouquet, — qu'Habeneck et
Rossini se fréquentent, que l'orchestre du Conservatoire,
sous la direction d'Habeneck, exécute les symphonies de
Beethoven, en ce temps-là encore ignorées des Français, que Rossini n'a pu manquer de les entendre, de
les lire, d'en inventorier les richesses thématiques,
harmoniques, instrumentales. Ce serait donc Beethoven
dont Rossini se serait inspiré en écrivant cette jolie
page d'entracte ? Il est bien possible. Ce serait lui
encore qui aurait inspiré à Rossini l'allure du fameux
chœur si lestement enlevé : « Ah ! la bonne folie ! C'est

charmant... » La chose, cette fois, est à peu près certaine. Dans ce chœur, je reconnais la trace de l'*Allegretto scherzando* en *si bémol majeur* de la huitième symphonie.

Le plus extraordinaire, c'est qu'on trouve dans le *Comte Ory* d'autres pages toutes françaises de forme et d'allure et qui ne sont point venues par réminiscence. L'air « du gouverneur » au premier acte, en dépit de ses roulades, n'est pas un air italien. La phrase ne coule pas ; elle monte ou descend, et scande sa démarche ; elle a des gestes de mousquetaire. Ajoutez qu'elle est plaisante sans être bouffe, et même finement ironique. Il y a certes plus d'esprit dans ce « grand air » du *Comte Ory* que dans tout le *Barbier de Séville*, mais le *Comte Ory* n'est pas une œuvre de tout point excellente et c'est par où le *Barbier* décidément l'emporte.

Après l'éclatant succès de *Moïse*, le roi Charles X avait décoré Rossini. Rossini n'avait pas accepté la décoration ; il estimait qu'Hérold, son ancien chef des chœurs au Théâtre italien, la méritait davantage ; son tour, à lui, viendrait au moment où l'Académie royale de musique représenterait une pièce signée de lui, composée exprès pour elle. Même le *Comte Ory* n'avait été qu'un remaniement, puisqu'il contenait des restes du *Viaggio a Reims*. Le roi Charles X consentit à rapporter le décret, ou plutôt à ne lui donner d'effet qu'après *Guillaume Tell*.

Guillaume Tell eut trois librettistes. Deux seulement signèrent le livret : on ne sait pas encore exactement qui fut le troisième. M. de Jouy, académicien et poète avait écrit un drame de sept cents vers, comme pour la Comédie française. Le musicien qui n'avait pas été consulté, jugea la matière inféconde et l'on chargea M. Hippolyte Bis de la rendre plus musicale.

Le succès fut immense et l'admiration, unanime. La critique pourtant fit, dès les premiers jours, les distinctions qu'exigeait le bon goût; et les différences de niveau ne passèrent pas inaperçues. Tout le monde allait bientôt les apercevoir au point même de les exagérer jusqu'à l'injustice et de se figurer que le second acte méritât seul d'être applaudi. On peut être d'un autre avis sans encourir le reproche d'indulgence.

L'ouverture de *Guillaume Tell*, dont la célébrité dure encore, n'est pas une préface dramatique. Elle n'en a point le caractère. A peu près unique en son genre dans l'histoire de l'ouverture au xix° siècle, cette *sinfonia* n'est rien de moins qu'une symphonie en abrégé avec ses trois mouvements, *allegro* (précédé d'une introduction), *andante*, *presto* final. C'est de plus une symphonie pittoresque, presque pastorale, et que l'on ne peut entendre sans imaginer une suite de tableaux. Exemple : dans la mélodie de l'exorde chantée par le violoncelle — la phrase est délicieusement tendre et mélancolique, presque, inquiète — il est de véritables jeux de lumière et d'ombre. Puis, quand la phrase s'est, pour ainsi dire, perdue dans l'atmosphère, les violons s'agitent à la manière du vent qui bruit dans les feuilles : et quand tout l'orchestre fait rage, c'est l'éclat de la tempête que nous croyons entendre bien plus que celui des instruments. L'orage s'éloigne, le paysage se calme, la flûte et le cor anglais dialoguent. Le cor anglais se charge du thème, et l'on dirait un pâtre chantant une mélodie rustique : la flûte brode les variations du thème et l'on dirait que l'oiseau imite à sa manière le chant du pâtre. On a beaucoup médit du final. Il est tintamarrant. Il n'est pas tintamarresque. La progression d'intensité n'y est pas continue. Là encore, il est un joli effet d'ombre, quand le *pianissimo* succède au *fortissimo* et le mineur au majeur.

Il est quand même de trop, ce final regrettable. Rossini avait de l'éviter un moyen des plus heureux et en même temps des plus faciles : ne point donner à son ouverture le plan d'une symphonie, supprimer le dernier mouvement, passer sans transition du dialogue des instruments champêtres au chœur d'introduction. Il n'avait même pas à changer de ton. L'expression d'apaisement, éveillée par l'*andante* pastorale de l'ouverture, eût ajouté, en se prolongeant, au charme du premier chœur. Je ne crois pas exagérer en qualifiant ce chœur d'admirable; car il est dessiné en perfection, car le champ de résonnance y est vaste, presque à perte d'oreille, car l'impression d'apaisement et de sérénité y est constante. « Quel jour serein le ciel présage ! » lisons-nous dans le texte. Et quelle merveilleuse traduction de ce texte ! Dans ce chœur, on pourrait écrire les mesures les unes au-dessous des autres : elles riment toutes entre elles, grâce à la dominante qui en

est comme la dernière et commune syllabe : d'où
l'illusion constante d'une lumière partout également
épandue.

Ajouterai-je que ces accords qui, en se succédant,
glissent les uns dans les autres, ces rythmes lents,
presque berceurs, ces timbres insinuants et doux éveil-
lent en même temps l'impression d'un parfait bonheur
au sein d'une paix profonde? Le bonheur apaise ceux qui
sont avancés dans la vie; aux jeunes, il inspire l'amour
de la vie intense et dangereuse : écoutez donc cette jolie
barcarolle du pêcheur qui, dans son insouciance du péril,
nargue les colères du lac. Quelle alerte, franche et
fraîche chanson ! et qu'elle répond par son rythme à
la souriante audace exprimée par le poète ! — Pendant
que le pêcheur lance ses gais couplets, la voix grave de
la patrie souffrante proteste ; on dirait d'une voix qui
gémit, on dirait d'une voix qui menace. Le drame ne
commence pas encore. Tell n'a fait que passer. Les chants
de paix vont devenir des chants d'allégresse : une noce
se prépare et près du torrent qui gronde, on va « célébrer par des jeux » — et des danses — « l'hymen et ses
nœuds ».

La noce s'éloigne. Tell reparaît, guettant Arnold : ce
fils de Melcthal, l'implacable ennemi des oppresseurs,
aime d'amour Mathilde, une dame de haut rang, alliée à
Gessler. Or, il faut à tout prix que cet amour cède : le
temps d'aimer est passé. Voilà ce que Guillaume à
résolu de dire. Dès qu'Arnold se montre et veut lui
échapper, Tell lui barre la route. Un thème d'éner-

ACADÉMIE ROYALE DE MUSIQUE.

LES BUREAUX NE SERONT PAS OUVERTS. — On commencera à 7 heures précises.

Aujourd'hui Lundi 3 Août 1829.

la 1re représentation de

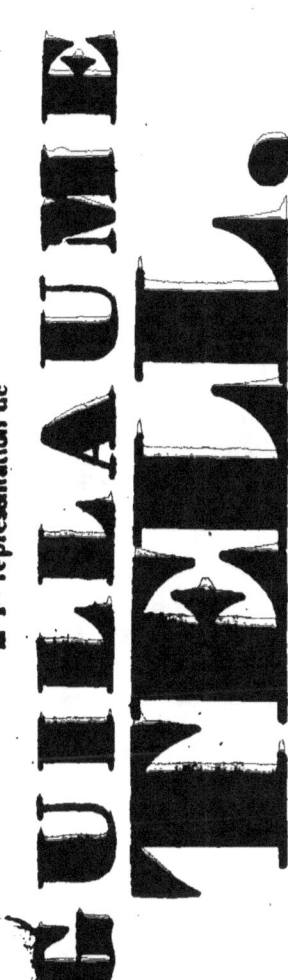

GUILLAUME TELL,

Opéra en quatre actes.

CHANT : Mrs Ad.-Nourrit, Dabadie, Levasseur, Bonel, Prévost, Alexis, Ferdinand-Prévost, Massol, Pouilley, Trevaux; Mmes Cinti-Damoreau, Dabadie, Mori, Didier.

DANSE : Messieurs Albert, Paul, Lefebvre, Montessu, Simon, Daumont, Frémol; Mmes Noblet, Legallois, Montessu, Taglioni, Elie, Buron, Alexis, Dupuis, Perceval.

(LES ENTRÉES DE FAVEUR SONT SUSPENDUES.)

S'adresser, pour la location des loges, au bureau de location de l'Académie Royale de Musique, rue Grange-Batelière, Hôtel-Edouard.

Vve BALLARD, Imprimeur du Roi, rue J.J. Rousseau, n. 8.

gie éclate dans l'orchestre et qui n'est comparable, pour sa mâle assurance, qu'au puissant exorde du célèbre *trio*. Tell implore afin qu'Arnold parle, et pendant qu'il supplie, l'orchestre ordonne : c'est la perfection même du style dramatique. Tell se tait : l'orchestre s'apaise. Une modulation, dont l'étonnante aisance fait oublier la hardiesse, nous mène tout droit du ton de *mi bémol majeur* dans celui de *sol bémol*. Arnold se confesse. Il assure Guillaume que Mathilde « l'idole de son âme » lui est moins chère que sa patrie. Son chant nous assure du contraire. On a jadis vanté cette doucereuse déclaration d'amour à la cantonade. Il y est fait un singulier abus des reprises d'haleine sur la dominante, et cela sans raison tout au moins plausible. Dans le chœur d'introduction, il en résultait une délicieuse impression de lumière : ici on a l'impression d'un orateur à court de mots ou d'un poète cherchant sa rime. Plus tard, quand Arnold changera de mouvement pour répéter à Tell « que Mathilde lui est chère » il aura le verbe plus facile et plus abondant, mais sans éloquence ni charme. Elle est pourtant très intéressante, cette péroraison du premier duo de *Guillaume* : elle fixe, musicalement, le personnage d'Arnold ou plutôt, car l'un revient à l'autre, sa façon d'aimer : il en est vraisemblablement de plus ardentes. Comparez en effet le final : « Oh ciel ! tu sais bien si Mathilde m'est chère » avec le « Doux aveux ! tendre langage ! » du duo d'amour futur et vous aurez vite, malgré les différences de mouvement et de mesure, reconnu la même phrase.

Le premier acte finit par le meurtre de Melcthal, dans
un frémissement d'indignation et de colère. Les chœurs
et l'orchestre expriment à souhait l'implacable fureur
des assaillants et l'inexorable ressentiment du peuple.
Toutefois dans ce final je préfère l'*andante,* un motif
de prière *sotto voce,* aux teintes douces et discrètes. Il
ne faut donc point aller jusqu'à dire que tout est beau
dans ce premier acte. Tout y est à propos ; le début seul
est entièrement admirable.

L'acte deuxième, le meilleur de l'opéra, l'un des plus
parfaits de tout le théâtre musical, doit sa supériorité,
non pas à un tour de force, — Rossini n' a jamais su faire
que des tours d'adresse, — mais à cette intime pénétration des qualités pittoresques et des dons pathétiques qui
fait que les bruits de la nature se mêlent aux bruits de
l'âme et les rendent sonores. Pour de tels mélanges, le
talent le plus exercé n'a point de recette. Et c'est pourquoi le terme si vague de « génie » vient fort à propos
couvrir les ignorances du critique et le dispenser d'expliquer ce qu'il désespère de comprendre. Le rideau va
se lever. Le cor de chasse sonne. Le rideau se lève et
les piqueurs de Gessler chantent les plaisirs de la
chasse en pleine montagne et en pleine tempête. La
cloche résonne et la scène reste vide. Sous les voûtes
de l'église prochaine, à l'heure de la nuit, un cantique
s'élève. Des accords de quinte se succèdent au grand
scandale des professeurs d'harmonie, mais pour la plus
grande joie des profanes qui admirent.....

Les chants se sont éteints. La nuit est calme et cepen-

dant l'orchestre s'agite. Mathilde est là qui attend
Arnold. « Dans ce prélude inquiet, écrit M. Camille
Bellaigue (voir dans *Psychologie musicale* sa jolie et
suggestive étude : *la Nature dans la musique*), palpite
un amour sans fausse honte, mais non sans pudeur, un
amour ingénu... » Il n'a rien d'ingénu, cet amour qui
ressemble si fort à un bel orage. Arnold surgirait en un
pareil moment, que Mathilde s'abandonnerait à lui tout
entière. Autrement, que signifierait le frémissement de
tout l'orchestre, le trémolo des instruments à cordes
alternant avec les traits du hautbois ou de la clarinette?
Autrement, que signifierait cette apaisante introduction
en *la bémol*, prélude de « Sombres forêts » et que termine, on le croirait du moins, un coup de tonnerre sym-
bolique? C'est l'orage d'âme qui s'éloigne et dont il ne
restera plus que de la mélancolie. On a dit de cette
« introduction » qu'elle valait à elle seule toute la
romance. Elle a de l'ampleur, de la majesté et, dans la
majesté, de la grâce. La « romance » n'eut point, tout
d'abord, le succès espéré. Elle surprit avant de plaire.
Elle méritait de plaire. Romantique entre tous, par
les images de regret qu'il fait naître, ce joli nocturne
reste classique par la régularité de sa coupe et l'irréprochable symétrie de ses lignes mélodiques. Pourquoi faut-il que l'arrivée d'Arnold fasse, comme par le
plus malencontreux des enchantements, cesser ce délicieux état d'âme? En vérité, quand on entend les propos d'amour que se tiennent Arnold et Mathilde, on
n'est pas très loin de se croire à la comédie. Que cette

musique est froide, prosaïque, plate même ! Et pourtant
ce duo d'amour — car c'en est un de par son étiquette
— est un bon exemple de rhétorique amoureuse. Arnold
et Mathilde sont inquiets : l'orchestre, par ses triolets,
nous le confirme. Arnold et Mathilde « s'arrachent »
l'un à l'autre le secret de leur mutuelle flamme : la
phrase s'assombrit et passe au ton mineur.....

Mathilde s'est éloignée. Guillaume et Walter se dres-
sent devant Arnold et le trio s'engage, ce trio qui passa,
qui passe encore sans doute pour un type de magnifi-
cence dramatique. Arnold, fils du vieux Melcthal, n'a
point vu mourir son père. Il ne sait point sa mort. Guillaume et Walter s'apprêtent à l'en avertir afin qu'il
répudie son amour sacrilège. La situation est pathétique entre toutes. Quand on s'appelait Nourrit ou Dupré
et que l'on jouait Arnold, on tirait de ce rôle des effets
sublimes. Qui, les ayant entendus, aurait osé s'apercevoir
que le célèbre *andante* du trio : « Mon père tu m'as dû
maudire! » n'est rien de plus qu'un excellent morceau
de mélodrame où la musique rythme des sanglots ? Le
thème d'attaque de Guillaume est d'une tout autre espèce;
il ne ressemble guère au début du premier duo, et
cependant il nous le remémore ; nous y reconnaissons
une âme magnanime, une volonté pleinement cons-
ciente de la chose à faire et de la nécessité de la faire,
volonté ferme, robuste, droite, sans raideur ni tension,
mais avec ce surcroît de grandeur et presque de splendeur morale dont s'accompagne l'imminence des résolutions suprêmes. Et cette âme de devoir est une âme

de bonté. Arnold, brisé par le remords, gémit sous son étreinte. Guillaume et Walter l'observent silencieux. Discrètement, *sotto voce*, dans un *a parte* sublime — « sublime » est ici de plein droit — ils souffrent sa douleur et bénissent son remords. « Le remords le déchire » nous dit le poète. « Espérons en ce désespoir, nous dit le musicien, et osons nous en réjouir, puisqu'Arnold va nous être rendu. » Tel est le sens transparent de cette phrase, dont l'ampleur du geste mélodique éveille des images de sympathie compatissante et dont le mode majeur « correspond » à un réveil d'espoir.

Le trio, dans *Guillaume Tell*, précède immédiatement la scène maîtresse de l'œuvre, l'une de celles dont personne n'a encore discuté la valeur. Arnold s'est apaisé ; il s'est ressaisi. Ce n'est plus l'amant de Mathilde, c'est le fils de Melcthal dont le meurtre attend le vengeur. Le sol de la patrie s'ébranle et la vengeance est proche. La forêt s'anime : des bruits de pas ont troublé son silence. « Qui vive ! » — « Amis de la patrie ! ». Sur un thème de trois notes, le « peuple d'Unterwald », arrive et se rassemble. Puis, c'est le peuple de Schwitz annoncé par un autre thème. Et ce thème en se déployant devient une pastorale. La joie de se revoir fait battre toutes les poitrines. Un bruit de rames annoncé par les violoncelles signale le peuple d'Uri. Les enfants de la patrie helvète sont là tous rassemblés. N'est-ce point cette patrie dont nous avons entendu la voix résonner tout à l'heure doucement, maternellement, à la manière d'un pâtre appelant son troupeau?... Les trom-

pettes éclatent et l'orchestre flamboie ; la forêt est
secouée par un vent d'héroïsme. C'est l'heure du ser-
ment. c'est l'heure des imprécations solennelles contre
les traîtres à la patrie, s'il s'en est glissé parmi les compagnons. Sur ce mot *traître*, on l'a déjà remarqué et justement admiré. la phrase musicale bondit d'une hauteur
d'octave ; puis, comme épuisée par son élan d'effroi, elle
s'apaise et peu s'en faut qu'elle ne s'éteigne, cela en
moins de temps que l'on n'en met à le dire. — Mais on
sait avoir le courage d'exécrer et d'appeler sur les
félons la vengeance divine : la phrase reprend sa vigueur
et retrouve sa lumière, elle descend lentement. graduellement, majestueusement les degrés de l'échelle sonore
et s'éteint dans un dernier jet de flamme. Et tandis
qu'alternativement elle se déploie ou se ramasse, l'orchestre. de ses coups cadencés, anime les courages :
c'est la poussée de l'énergie libératrice, c'est le soulève-
ment du sol de la patrie contre l'étranger qu'elle rejette.
c'est la commune assurance de vaincre qui embrase les
cœurs d'une ardeur commune et fait dans un moment
de transfiguration soudaine, d'un peuple de pasteurs.
une armée de héros.

Dirons-nous qu'il « n'est rien après de telles beautés » ? Une chose du moins est certaine, c'est que jamais
l'admiration ne jaillira ni plus haut ni avec plus de force.
Aussi l'on se demande comment Rossini qui a encore
deux actes à fournir va s'y prendre pour renouveler ses
sources d'invention et de pathétique. Il ne s'y prendra
point. Il se laissera faiblir. Dans tout le troisième acte, il

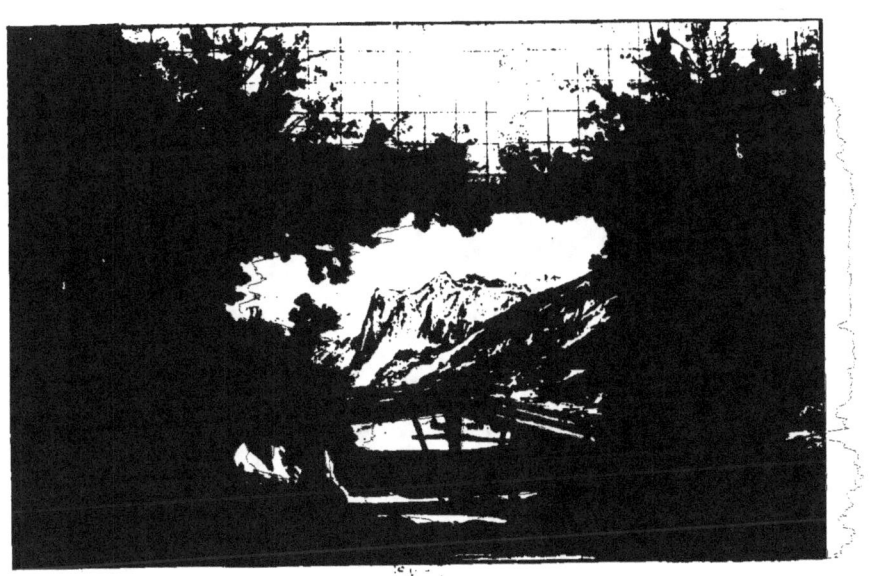

DÉCOR DU PREMIER ACTE DE *Guillaume Tell*.
D'après la maquette de Rubé et Chaperon, Archives de l'Opéra.

n'aura qu'un seul moment de génie. Ce moment, d'ailleurs, est admirable. Gessler a fait placer sur la tête de Jemmy, fils de Tell, la pomme légendaire. Tell va tendre son arc. Il s'approche de Jemmy, lui fait ses exhortations dernières. Le morceau débute par la tonique quatre fois répétée. Ne savons-nous pas que Guillaume commande toujours, même quand il implore? Ne savons-nous pas que la répétition d'un terme de valeur peut, à l'occasion, imprimer au discours — musical ou verbal — un accent d'autorité? « Sois immobile et vers la terre incline un genou suppliant. » La phrase descend sur les mots : « vers la terre »; elle remonte à la dominante pour accentuer l'ordre. « Invoque Dieu, c'est lui seul mon enfant, qui dans le fils peut épargner le père... » Et la phrase traverse le mode majeur : on dirait qu'un rayon de lumière — ou d'espérance — vient de traverser l'âme du héros. J'arrête ici l'analyse. Elle a duré assez pour nous faire voir, chez Rossini, le dessein de traduire non pas les mots de son texte, ce qui est à peu près impossible, mais les émotions sous-jacentes aux idées exprimées. Ici toutefois, malgré le parti pris de suivre docilement les paroles du poète, l'aisance du tracé mélodique ne laisse absolument rien à désirer. Ecoutez maintenant le violoncelle chantant la douleur du père et dites-moi si vous connaissez une autre phrase d'orchestre exprimant avec plus de vérité ou de profondeur le recueillement dans la désolation.

Il n'y aura plus rien de cette valeur dans l'acte qui va suivre. Depuis que Dupré a cessé de chanter, le grand air d'Arnold : « Asile héréditaire » a dépouillé ses vertus expressives, et de l' « immortel » *Suivez-moi*, il ne reste que le souvenir d'un beau geste sonore. Le trio des femmes entre Mathilde, Hedwige et Jemmy, rappelle par son rythme la barcarolle du pêcheur et ne gagne rien à lui être comparé. La *Prière*, où les clarinettes, cors, hautbois, basson, se chargent presque à eux seuls d'accompagner le chant, est un morceau bien fait, suffisamment pathétique. L'orage qui éclate vers la fin du morceau n'a point la majesté des tempêtes rédemptrices. Il secoue les arbres, agite les flots, mais cet ouragan qui frappe à coups comptés, trop méthodique en sa fureur, ne nous émeut ni ne nous trouble. Le chœur d'action de grâce qui termine l'opéra, a-t-il comme on l'a prétendu la splendeur d'une apothéose ? Le chant monte vers le ciel, degré par degré, et comme la modulation y est incessante, l'ascension y est continue. L'effet de *sursum corda* y est donc réussi. C'est assurément une page de maître.

Guillaume Tell a coûté six mois de travail, juste le temps qu'il fallait au Rossini de la période italienne pour improviser six opéras. Mais rien n'est moins improvisé que *Guillaume*. J'en atteste : ces *ranz* dont il a fait un si fréquent usage, dans le chœur final entr'autres, peut-être même, ainsi qu'on l'a prétendu, dans le nocturne de Mathilde sur les mots : *Désert triste et sauvage* ; cette recherche de l'unité dans le style qui apparaît dans le premier acte, où les haltes sur la dominante reviennent presque à satiété ; cet usage fréquent

du rythme iambique (une brève et une longue) dans les
moments héroïques des situations et des personnages ;
enfin cette préoccupation d' « assimiler » les phrases
d'un même rôle afin de réaliser musicalement l'unité d'un
type : tout cela était nouveau en France. Certes si l'on
disait que l'esthétique du grand opéra futur — du grand
opéra français — est en germe dans le dernier opéra de
Rossini et plus qu'à l'état de germe, on ne dirait rien
que de vrai. Aussi, malgré ses indiscutables et regrettables défaillances, *Guillaume Tell* est encore debout
aujourd'hui. C'est justice.

VI

Après *Guillaume Tell*, la période du grand *Rifiuto*
commence. Ce mot, à qui l'auteur de la *Divine Comédie*
a fait un sort, et qu'un admirateur enthousiaste de Rossini lui appliquait tout récemment, signifie qu'après
Guillaume Tell, Rossini, qui n'avait que trente-sept ans,
dit pour toujours adieu au théâtre, et vécut presque
toujours loin de la vie musicale de son siècle. Le grand
Rifiuto aura donc une durée de trente-neuf ans.

Que deviendra Rossini pendant cette longue retraite ?

Il aura essayé d'attirer son père à Paris, en 1828,
mais sans l'y retenir. Au lendemain de *Guillaume Tell*,
désireux de le revoir, il sera parti pour Bologne avec
Mᵐᵉ Rossini-Colbran. Jaloux de sa liberté, impatient
d'aller et de venir sans avoir à demander la permission

d'un ministre, il aura donné sa démission d'inspecteur du chant. Ami d'une existence facile, opulente même au besoin, il aura pris la précaution de se faire inscrire sur la liste des pensionnaires de la liste civile. En échange de sa pension, il s'était engagé à écrire un opéra tous les deux ans. *Guillaume Tell* devait être suivi d'un... *Faust*. Un an après *Guillaume Tell*, le roi Charles X abdiquait.

A la nouvelle de l'abdication, Rossini accourut en France : il pensait y rester juste le temps nécessaire pour obtenir du nouveau gouvernement le maintien de la pension promise par l'ancien. Et de fait, il n'y resta guère davantage, mais il mit six ans à obtenir gain de cause. six ans d'attente et de silence, pendant lesquels il n'écrivit rien que des lettres au liquidateur de l'ancienne liste civile, à son avocat, M⁰ Dupin jeune, et à son homme d'affaires. On le voyait chaque jour à la Bourse donnant ses ordres de vente et d'achat. Pendant ce temps, *Guillaume Tell* se jouait toujours, mais se réduisait progressivement. On lui avait d'abord retranché le troisième acte ; puis ce fut le tour du quatrième et du premier... Le 24 décembre 1835, le Comité des finances faisant droit aux réclamations du compositeur, lui assurait une pension de retraite sur les fonds du trésor, à dater du 1ᵉʳ juillet 1830.

Le fidèle biographe Azevedo nous montre Rossini pendant son séjour en France, logeant successivement dans les combles de la salle Favart et sous les toits du Théâtre italien, puis regagnant Bologne en 1836, y diri-

geant le Lycée musical, mais s'occupant surtout d'agri-
culture et de..... peinture.

En juillet 1839 mourait Giuseppe Rossini. Sa femme
était morte en 1827. Faut-il croire Azevedo qui prétend
que Rossini fut si malheureux d'avoir perdu son père
qu'il en faillit mourir? Faut-il croire un témoin qui omet
de nous apprendre qu'une fois mariés, Rossini et sa
femme s'étaient assez promptement reconnus incompatibles, et que peu de temps après *Guillaume Tell* on
s'était séparé ? Quand Mme Rossini-Colbran mourut en
1845 à Bologne, âgée de soixante ans, Rossini s'était
déjà choisi la compagne qu'il épouserait une fois libre,
Mme Olympe Pélissier. C'était elle qui, en 1843, l'avait
suivi à Paris et l'avait soigné pendant une maladie assez
grave. Elle lui continua ses soins à Florence pendant
une longue crise de neurasthénie : ceux qui ont vu
Rossini aux environs de la soixantaine, nous le repré-
sentent triste, taciturne, s'amaigrissant de jour en jour
et ne s'intéressant à rien. Le climat de Florence, où il
s'était fixé au retour de Paris, ne lui réussissait décidément pas. Il reprit le chemin de Paris.

C'est là qu'il vécut ses dernières années. La santé lui
revint vite et la gaieté reparut avec son cortège de qualités aimables, l'entrain, l'esprit, la sociabilité et aussi
cette cordialité qui donnait tant de prix à son commerce
et tant de charme à sa conversation. Tous ceux qui nous
ont parlé de Rossini pour l'avoir vu dans ses années de
vieillesse, nous en ont parlé le sourire aux lèvres. Nous
les avons questionnés sur sa femme. Ils ont aussitôt

froncé le sourcil. Il paraît qu'elle détestait recevoir et
qu'elle supportait mal les visites faites à son mari.
Même elle employait son humeur revêche à les rendre
courtes, quand elle était forcée de les subir. A parler
franc, elle n'a su jamais être la femme de Rossini : elle
n'a été que sa garde-malade. Les Florentins ne l'appe-
laient jamais que « l'insupportable Olympe ».

Rossini est mort à Paris le 13 novembre 1868. Il était
grand officier de la Légion d'honneur. On lui fit de
belles funérailles. La cérémonie religieuse eut lieu en
l'église de la Trinité, le samedi 21 novembre. Tous les
artistes musiciens y assistèrent : parmi les hommes,
Duprez, Tamburini, Faure, parmi les femmes, Adelina
Patti, Christine Nilson, Gabrielle Krauss et la célèbre
Alboni, son ancienne élève du lycée musical de Bologne.
La Patti et l'Alboni chantèrent le *Quis est homo* de son
dernier chef-d'œuvre, le *Stabat Mater*.

Ce chef-d'œuvre, né vers 1832, fut achevé dix ans
plus tard et chanté à la salle Ventadour par Mmes Grisi,
Albertini, le ténor Mario, le baryton Tamburini. Je l'ap-
pelle un chef-d'œuvre malgré ses inégalités et presque
ses défaillances, malgré le *Cujus animam* auquel il doit sa
renommée et dont le moins que l'on en puisse dire est
que cette mélodie claire et facile affecte dans sa démarche
un sans-gêne digne d'Almaviva. Mais le *Pro peccatis* a
de la dignité et de l'ampleur. Mais la *Fac ut portem*
— pour voix de contralto — est un bel élan de tendresse.
Mais les accents de l'*Inflammatus* sont d'une éloquence
entraînante. On se croirait au théâtre et l'on est à

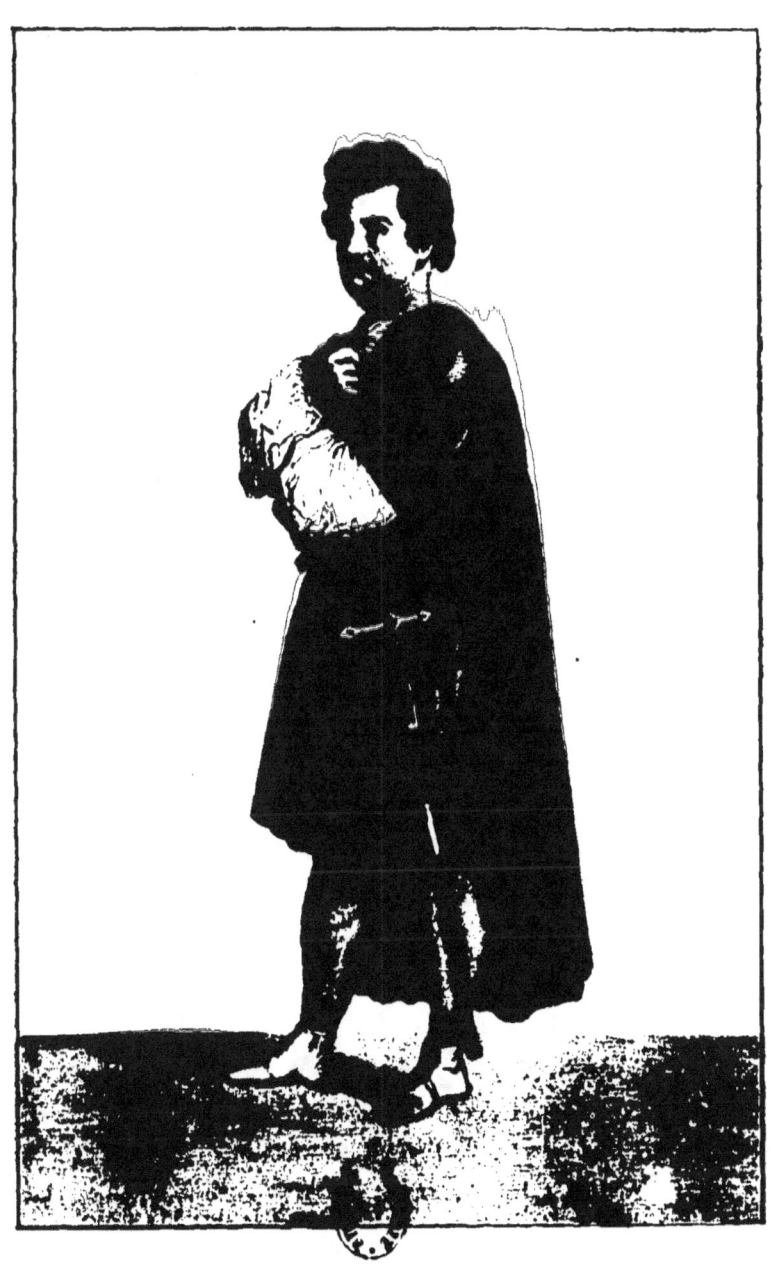

ADOLPHE NOURRIT DANS *Guillaume Tell.*
(D'après la gravure de la Galerie théâtrale.)

l'église : cela arrive souvent en Italie. Avec le *Quis est homo*, plus de doute : c'est bien là un morceau d'église : la langue en est ferme, sobre, et dispose au recueillement. Le *Stabat*, pris dans son ensemble, est une œuvre écrite dans le style d'avant *Guillaume Tell*, mais avec une perfection d'écriture et une intensité d'expression singulières : n'est-ce pas un Rossini nouveau qui s'annonce? Peut-être, mais pour ne jamais venir. Nous aurons encore le limpide et lumineux chœur de la *Charité*; la *Petite messe solennelle* qui sera chantée en 1869 aux Italiens où Mme Alboni fera valoir les mérites du *Salutaris* et Mme Patti, ceux du *Crucifixus;* nous aurons les *Soirées musicales*, œuvres de chant travaillées à loisir et d'une lecture fort intéressante. N'oublions pas la *Cantate* pour la clôture de la grande Exposition universelle de 1867, célèbre par son tapage, et dont on s'est demandé si elle méritait d'être prise au sérieux. Rossini ne détestait pas la plaisanterie, même en musique : souvenons-nous des deux *Bruschini*.

Ainsi, malgré de courtes réapparitions dans la vie musicale de son siècle, le *Rifiuto* peut bien être dit irrévocable. Quelles en sont les causes ? On les cherchera longtemps. On consultera la biographie, la correspondance. Et l'on n'en saura jamais rien. L'un nous fera remarquer que Rossini ne prit la route de Bologne en 1836 qu'après avoir entendu les *Huguenots*. L'autre, nous racontera que Rossini à Florence, pendant une représentation du *Prophète* — qui en ce temps-là faisait fureur, — et à laquelle d'ailleurs il ne voulait point assister, en conçut de l'humeur et presque du dépit. Et notre témoin s'empresse de croire à un regret. Il a raison. Mais que signifie ce regret? Rossini se repentait-il d'avoir renoncé au théâtre? Ou bien, sans cesser de croire que son renoncement avait été sage, regrettait-il que sa sagesse lui en eût fait une obligation? Il est des résolutions qui coûtent, et l'on peut souffrir d'un sacrifice nécessaire : en faut-il conclure que si c'était à recommencer, on se refuserait à l'accomplir? La vérité est qu'un jour, à Florence, Rossini vit chez un bouquiniste une de ses partitions dans l'état le plus lamentable et cotée au plus bas prix. Il dit alors à son compagnon de promenade que de tant d'opéras que tant de mains avaient applaudies, bien peu de chose resterait : le troisième acte d'*Otello*, le deuxième de *Guillaume*, et tout le *Barbier de Séville*. Il se jugeait déjà comme il devait l'être, non point beaucoup plus tard, presque au lendemain de sa mort.

Les restes de Rossini ont été transportés en 1887 du cimetière de ~~Passy~~ à Florence, où leur était réservée une place dans les caveaux de la basilique Santa-Croce. Ils y arrivèrent le 2 mai, accompagnés par Tamberlick, le célèbre ténor. Le lendemain, au moment où le char de triomphe s'arrêtait devant la basilique, cinq cents choristes chantaient la prière de *Moïse*. Le 4 mai, un concert avait lieu au *Palazzo Vecchio* et le *Stabat Mater* figurait au programme.

En 1902 eut lieu, dans la même église, l'inauguration d'un monument en l'honneur du maître. On redonna des concerts où l'on fit entendre des fragments de la *Gazza ladra*, de la *Donna del lago*, de *Mathilda di Shabran*. On publia, en format d'album, un recueil d'articles où l'on célébra les vertus esthétiques et domestiques du « penseur musical ». On y vanta sa piété filiale, et même sa piété religieuse : on y déclara qu'il avait été le plus grand musicien de son siècle. Il est vrai qu'au xix⁰ siècle l'Italie n'a pas eu de plus grand musicien.

Et le silence de la postérité recommença.

VII

Le silence a épargné *Guillaume Tell* et le *Barbier de Séville*. Il a enveloppé tout le reste et ce reste est aussi volumineux que l'œuvre complète de Sébastien Bach. Les théâtres contemporains de France et d'Italie renoncent à faire entendre ces opéras dont la plupart réussirent, et les jeunes compositeurs laissent dormir dans la poussière des bibliothèques ces partitions auxquelles le philosophe Schopenhauer trouvait tant de charmes qu'il les possédait toutes arrangées pour la flûte. Le goût de Schopenhauer avait été, souvenons-nous, celui de toute l'Europe. Une sorte d'esprit musical européen s'était formé, grâce à l'influence de Rossini et à la joie bienfaisante que procurait sa musique.

Rossini, devenu vieux, s'est-il aperçu que sa musique, elle aussi, vieillissait ? En a-t-il souffert ? S'est-il jamais demandé pourquoi ? A-t-il poussé la clairvoyance jusqu'à s'apercevoir que son œuvre avait mérité cet oubli qu'il sentait gagner de proche en proche et s'étendre peu à peu sur tout ce qu'il avait produit, à l'exception de deux opéras, le dernier de sa période française et l'avant-dernier « opéra bouffe » de sa carrière italienne ?

C'était en 1860. Rossini avait soixante-huit ans. Richard Wagner l'entretenait de l'Allemagne et des conditions du travail musical dans ce pays d'élection de la symphonie. Rossini l'écoutait et l'interrompait en lui disant : « J'avais de la *facilité*, j'aurais pu arriver à quelque chose. » Ce jour-là le malicieux vieillard ne plaisantait guère. Blaze de Bury en a douté : il en a fait douter. Rossini n'en avait pas moins parlé en toute franchise : « J'aurais pu faire quelque chose » ne signifie pas qu'il se figurait n'avoir rien fait. Cet aveu signifie plus vraisemblablement que Rossini se sentait à une grande, très grande distance des maîtres musiciens d'Allemagne. Peut-être se disait-il tout bas qu'il n'aurait dépendu que de lui de les rejoindre, avec l'appui des circonstances ; que né sous d'autres cieux, il aurait développé ces dons de symphoniste pittoresque éclos au moment de la *Donna del lago*, et que *Guillaume Tell* avait fait épanouir. Peut-être il se trouvait des torts envers son propre génie. Son œuvre était volumineuse. Était-elle considérable ? Il avait beaucoup écrit. Avait-il pensé en proportion ? Ne s'était-il pas trop docilement plié à la loi de l'offre et de la demande, mesurant ce qu'il se devait à lui-même sur ce que son public atten-

dait et désirait de lui? On ne saurait vraiment s'être
prodigué avec plus d'avarice.....

Mais ne prolongeons pas inutilement ce tête-à-tête
imaginaire de Rossini avec sa propre conscience. Nous
n'en faillirions que plus sûrement à notre tâche. Elle
n'est pas de rechercher ce que Rossini aurait pu être
s'il avait voulu — cela, personne ne l'a jamais pu dire,
à commencer par lui ; elle est de le situer dans l'histoire de son siècle, de juger son talent et de détermi-
ner son influence.

Commençons par les talents de l'écrivain. Il les eut
tous, et dans l'un et l'autre genre, le vocal et l'instrumental. Il les eut tous à divers moments de sa vie
musicale. Aussi, je ne sais pas de style plus facilement
reconnaissable ; et je n'en sais pas, de plus difficile à
reconnaître. Si vous sortez du *Barbier de Séville* et que
vous alliez entendre le *Comte Ory*, vous serez stupéfait
d'apprendre qu'ils sont de Rossini l'un et l'autre. Lisez
Otello et passez à *Guillaume Tell*, la surprise sera plus
grande encore : car à l'impression de la différence des
styles s'ajoutera celle de la profonde diversité des écoles.
C'est donc une erreur de croire que Rossini se reconnaît
à première vue : celui du *Barbier*, du *Turc*, de l'*Italienne*, de la *Pietra del paragone*, oui certes, car ces
quatre œuvres sont écrites de la même encre. Mais la
musique de *Tancrède* fait songer à Mozart, et quand ce
n'est pas à Mozart, c'est à Bellini ; mais le dernier acte
d'*Otello* et ceux qui le précèdent, sont presque dérivés
de sources différentes. Ainsi, l'on dirait fort bien de Ros-

sini ce que Voltaire disait des *Provinciales* : que dans son œuvre, sont contenus tous les styles.

Toutefois, si différent qu'un écrivain se montre de lui-même, et quelle que soit l'aisance avec laquelle il change de marque, cette facilité suppose de la rapidité, et les effets de cette rapidité ne sauraient manquer d'imprimer à tous « ces styles » un cachet d'origine commune, celui de l'improvisation. Et partout dans Rossini, sauf dans *Guillaume Tell* et dans le premier acte de *Moïse* — et aussi dans le *Stabat Mater*, — les traces d'improvisation sautent aux yeux. Tantôt le caractère improvisé de la phrase se reconnaît à la perfection même de la forme mélodique : car il est une perfection toute de premier jet que la réflexion, en s'efforçant d'y atteindre, réussirait seulement à contrefaire. Tantôt elle se reconnaît à la négligence du trait, à la banalité de la cadence, signes évidents de lassitude ou de distraction.

Le propre d'un style improvisé est d'être clair : et le style de Rossini a la clarté d'une eau limpide. Le propre d'un style improvisé est d'être naturel : et le style de Rossini, le moins « appris » de tous, est aussi, de tous, le plus « chantant ». Qu'est-ce à dire? Ceci, précisément, que Rossini, quoi qu'il s'apprête à écrire, qu'il travaille pour les voix ou pour les instruments de l'orchestre, « chante » toujours ses phrases et les dessine de la voix. Ses ornements d'orchestre mêmes se laisseraient aisément convertir en vocalises. Et c'est par où, même quand il va prendre son bien chez les maîtres d'Allemagne, il le transmue, pourrait-on dire, en valeurs

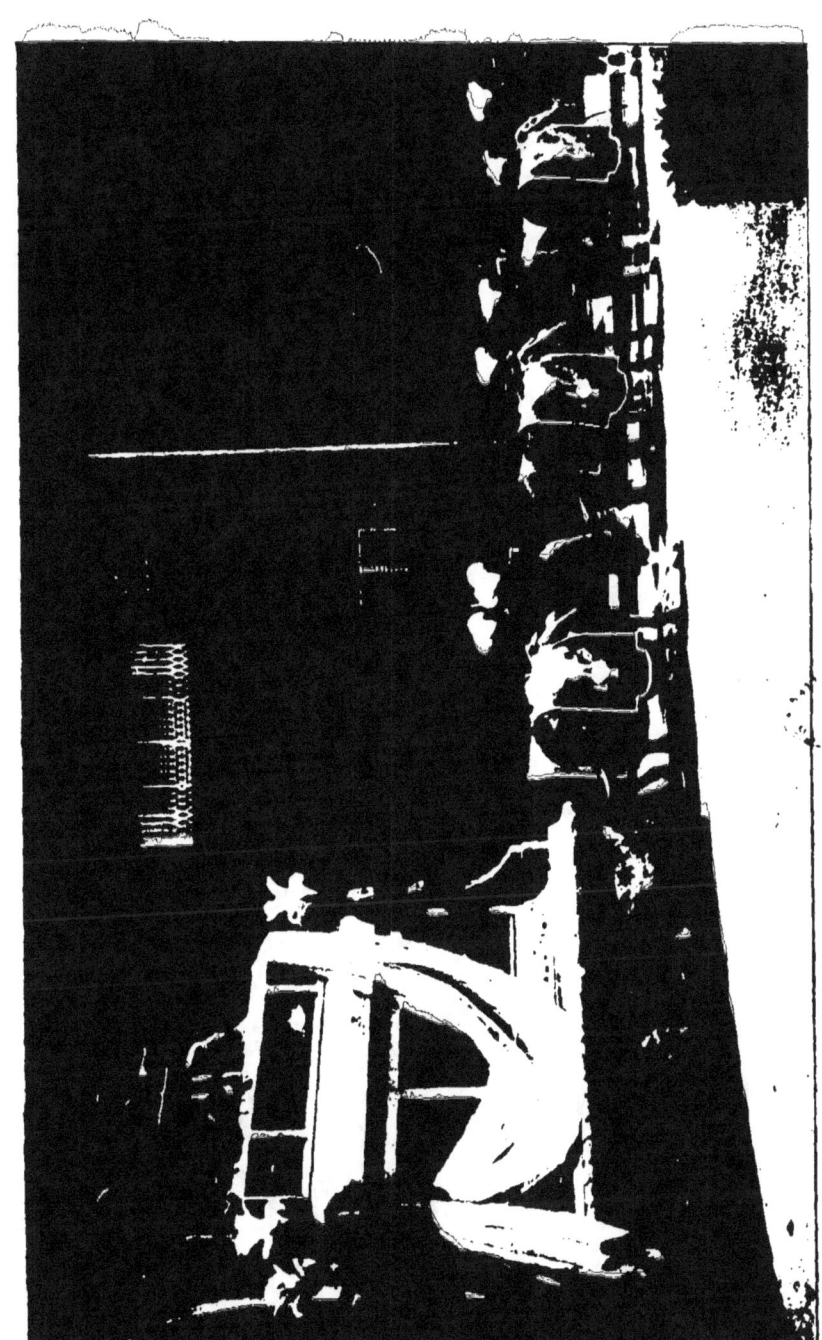

TRANSFERT DES CENDRES DE DUPLESSIS A FLORENCE (JUIN 1887).

7

italiennes. Figurez-vous maintenant Rossini chantant
ses phrases, je me trompe, car il ne les chante pas,
il les laisse chanter en lui, ce qui pourrait bien différer
du tout au tout..... donc figurez-vous Rossini l'oreille
penchée sur ses voix intérieures : tous les sons qu'il
va noter sembleront s'être appelés les uns les autres
en raison de leurs affinités, c'est-à-dire le plus souvent
de leur voisinage. Il en résulte une impression constante de naturel, moins constamment, mais très souvent,
une impression de fluidité, presque de liquidité, de fluidité entraînante et rafraîchissante ; Rossini n'est jamais
plus lui-même que dans ses *allegros*, car il est, d'instinct
musical, tout mouvement et toute vivacité ; de plus, les
phrases lentes se laissent moins facilement improviser
que les autres : tout ce qui s'improvise s'enlève. Nous
pourrions dire, en d'autres termes, que la musique de
Rossini est allégeante, entraînante, absolument saine, et,
malgré l'apparence de contradiction, parfaitement repo-
sante.

Insisterais-je maintenant sur une qualité ou plutôt
sur une particularité du style Rossini, suite assez inévitable de celles dont l'énumération précède ? On pourrait observer, — et c'est d'ailleurs, probablement chose
déjà faite, — qu'il n'est pas, chez Rossini, de phrases
incidentes, ou du moins qu'il en évite l'habitude. (Je
parle de ces phrases généralement incolores et vides,
dont la raison d'être est de faire saillir le thème à la
manière d'une ombre, et dont l'effet le plus ordinaire est
de l'allonger ou même de l'étirer.) Un thème vient-il de

jeter sa dernière note, un autre thème jaillit, puis
encore un autre, et quand la chaîne en est à son dernier anneau, le premier s'y agrège en manière de farandole. Voilà encore un des traits indicateurs, dominateurs
même, oserait-on dire, de ce style musical, sans pareil
dans l'histoire. Il est des écrivains plus gais : je n'en
connais guère de plus vivants et surtout de plus vivaces,
de plus mouvants et de plus chatoyants.

Si de l'écrivain nous passons au « vocaliste », nous
dirons tout d'abord qu'il ne s'est pas rencontré de mélodie plus apte que la mélodie rossinienne à mettre en
valeur les dons de la voix chantante. Certes, Rossini
déclara la guerre aux virtuoses, il leur supprima
presque toutes leurs libertés vocales. Mais ce fut pour
lerr bien. En substituant aux vocalises improvisées par
leur caprice ou leur mauvais goût des vocalises brodées
par l'auteur, il leur multiplia les occasions de succès,
tant il se fit habile dans l'art de pressentir et d'exploiter
les richesses d'une voix souple, chaude, résonnante,
prenante. Et d'ailleurs, qui saurait mieux orner une
phrase que celui qui fut assez heureux pour la trouver
au bout de son crayon ! Certes, il y a lieu de regretter
chez Rossini l'abus des « embellissements » ; toute mode
qui a cessé paraît extravagante. Mais ces « embellissements » n'étaient pas dénués de toute raison d'être.
C'étaient les figures de rhétorique du discours musical,
ou moins encore, quelque chose comme un détail de
toilette ou de coiffure. Or les détails de ce genre ne sont
point partout déplacés : ils rehaussent ou ils déparent,

selon les circonstances et aussi selon le degré de sincérité
de l'orateur ou du rhéteur. Du rhéteur, chez Rossini, vous
en trouverez, même dans ses meilleurs drames, même
dans *Guillaume Tell* et vous en serez presque douloureusement offensé. C'était inévitable, Rossini étant de la
race de ceux qui pensent en écrivant, c'est-à-dire un
peu moins vite qu'ils n'écrivent et qui ne résistent point
à la poussée des mots. Quel est donc l'orateur qui leur
résiste ? Et quel est l'orateur auquel il n'arrive pas d'être
récompensé de sa docilité par des bonheurs d'expression et des moments de vraie éloquence ? Cela encore
est arrivé à Rossini : il a eu ses jours de force dans
l'abondance. Il les a dus à ses qualités d'écrivain, tout
d'abord, mais en outre, et presque davantage, à sa
longue et intelligente expérience de l'art de chanter.

Étonnons-nous après cela que tous les bons chanteurs
aient défendu sa renommée, alors qu'en travaillant à
soutenir leur réputation propre, ils travaillaient à la plus
grande gloire de leur compositeur favori ! On a souvent
reproché à Rossini de brouiller les genres, et d'écrire
pour une *opera seria* ce qu'il aurait pu écrire pour une
opera buffa ! D'abord il n'est pas certain que les deux
sortes d'opéra n'aient pas plus d'un point de contact,
mais la question n'est point là. Elle est dans la collabo-
ration partout nécessaire chez Rossini du chanteur et
du compositeur. Le compositeur commence, le chanteur
achève. Et si le chanteur est intelligent, s'il met les
accents où il faut, s'il a égard aux mots de son texte,
mots qui ne sont point les mêmes dans une situation

comique que dans une situation tragique, il donne à la phrase musicale l'expression convenable, et cette expression varie avec les sujets et les moments. Tout nous montre dès lors en Rossini vocaliste un musicien parfait.

Mais si, ne considérant en Rossini que le seul « vocaliste », on oublie le symphoniste même, celui d'avant *Guillaume Tell*, on lui fait tort de toute une moitié de son talent, de cette moitié par laquelle il tranche et l'emporte sur ses prédécesseurs d'Italie, les Cimarosa, entr'autres et les Paësiello. Nous devrions pourtant nous ressouvenir de ses deux maîtres favoris presque de ses deux parrains : de Mozart, dont il semble que l'âme musicale ait plané sur le *Tancrède* et inspiré le moment le plus douloureusement expressif du drame, lequel est, et il vaut la peine d'y revenir, une phrase du hautbois en *ut mineur*, c'est-à-dire une phrase d'orchestre ; d'Haydn, dont l'ombre vient égayer les meilleurs endroits de l'*Italiana*, du *Turco*, de la *Gazza ladra*. Nous devrions encore nous rappeler ces ouvertures si brillantes de mouvement et de verve où les préludes sont de véritables introductions symphoniques ; exemple : l'*Inganno felice, Tancredi,* l'*Italiana, Il Barbiere*.

En parlant jadis de ces ouvertures, nous les comparions à d'excellents « apéritifs musicaux », car elles mettent rapidement et prestement l'auditeur en gaieté et le disposent favorablement à la musique qui va se faire entendre. Leur puissance d'entraînement est incomparable. La musique en est singulièrement... digestive. Elles sont d'ailleurs composées à la manière d'un *allegro* symphonique : Haydn encore a passé par là. D'abord un *andante* d'exorde, puis un développement avec reprise et, pour alimenter ce développement, deux thèmes. Le second de ces thèmes paraît d'abord dans le ton relatif du ton de l'ouverture ; puis quand le premier thème revient, il entraîne le second à sa suite et tout s'achève, ainsi que dans la symphonie de J. Haydn, dans le ton du commencement. — Et le *crescendo?* Le crescendo y tient sa place : il termine la première reprise, et revient dans la péroraison. — Comme dans la symphonie de J. Haydn ? — Pareillement, mais avec plus d'insistance, plus de bruit et certes moins de musique.

Où donc est l'originalité de Rossini dans ces ouvertures, car il y a mis son empreinte? Elle est dans la façon dont il arrête brusquement le premier thème comme s'il hésitait à le poursuivre. Ce n'est là qu'une feinte : voici qu'il le reprend et l'achève. Ici le « vocaliste » transparaît ; l'hésitation à continuer ne donnait-elle pas au thème interrompu les allures d'une ritournelle ?

Passons maintenant de l'ouverture au drame : observons que si le compositeur laisse au chanteur le soin de dessiner la mélodie, il ne se prive pas des effets d'accompagnement. Que voulons-nous dire ? Et à quoi ces « effets » tendent-ils ? A exprimer ce qui se passe dans l'âme du personnage, ou, tout au moins, à nous mettre au

courant de son humeur, à nous apprendre s'il se possède
ou si sa colère fermente, quelquefois même à démasquer
ou son hypocrisie ou son défaut de sincérité envers lui-
même. En cela Rossini ne fait que reprendre la tradition
des fondateurs de l'opéra italien, mais avec plus de ressources et c'est pourquoi l'on dirait qu'il innove. Ajouterai-je, pour lui en faire un mérite, qu'il a éprouvé les
vertus expressives des instruments à vent — les instruments « romantiques » tels que le hautbois, la clarinette,
le cor, — et qu'en les faisant discrètement dialoguer
avec les personnages, il ajoute au pathétique de la situation et du sentiment? Quand on se rappelle tout cela,
on se demande à quoi Rossini pensait le jour où, parlant de
sa propre personne il se définissait : « un pauvre mélo-
diste ». Il avait assurément perdu l'habitude de s'écouter.

On vient d'essayer une rapide esquisse des talents de
Rossini. Il nous reste à dire son influence.

Cette influence dure encore en Italie. En France, elle
a cessé depuis près d'un demi-siècle. En Allemagne,
elle ne s'est jamais fait sentir. Et, si l'on essayait d'en
conclure que l'Allemagne musicienne est restée sourde
aux échos venus de l'étranger, on raisonnerait fort mal.
Berlioz est né en France, et les succès de ses œuvres
symphoniques dans les pays d'Outre-Rhin ont influé
sur le développement de la symphonie après Beethoven
dans le pays de Beethoven. C'est que Berlioz appartient
à « l'histoire de la musique », c'est que, par son génie
de musicien, par l'originalité de son style et de sa

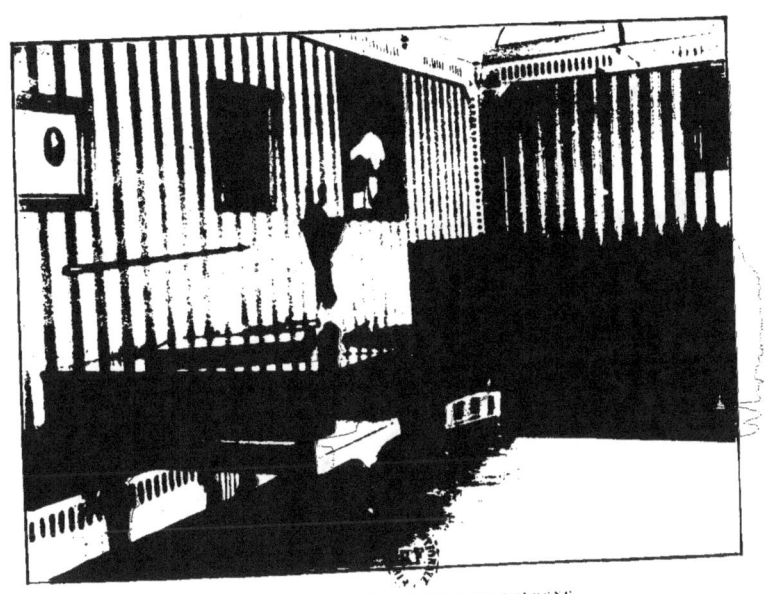

SALLE ROSSINI, LYCÉE MUSICAL DE BOLOGNE.

méthode de composition, il a multiplié les ressources de l'art. Wagner lui-même s'est servi de la palette de Berlioz ; il lui doit une partie de son orchestration.

Quand Rossini vint en Autriche faire entendre *Zelmira*, les Allemands l'acclamèrent. On l'applaudit. Les musiciens rendirent justice aux mérites éminents de son opéra. Mais ce fut tout. Longtemps sa *Gazza ladra* reçut en pays allemand l'accueil le plus sympathique. Et ce fut tout encore. L'âme musicale italienne de Rossini ne pénétra jamais l'âme musicale germanique.

Dirons-nous qu'elles étaient l'une à l'autre antipathiques ? Cela n'est point. La vérité est que l'Allemagne pouvait se passer de Rossini. La vérité est que Schumann, Mendelssohn, Liszt, Brahms, ont tous accompli leur œuvre d'art comme si Rossini n'eût jamais existé.

Il faudrait donc en conclure que le nom de Rossini n'est pas le nom d'un grand musicien ? Nous n'avons jamais soutenu le contraire. Il fut quand même un grand musicien de théâtre.

Tout le drame musical de Gluck à Richard Wagner est l'œuvre de Rossini. Non qu'il l'ait créé de toutes pièces. Un genre ne surgit pas du sol en pleine possession de ses caractères. Un genre se prépare et s'élabore en s'assimilant ce qu'il reste encore de durable dans les genres vieillis ou moribonds, puis après une période plus ou moins longue de tâtonnements et d'essais, il se dresse dans toute sa vigueur et vit de sa vie propre. Rossini n'a guère travaillé à la décomposition de la tragédie musicale. Mais il a constaté cette décomposition, et en a profité pour fixer les caractères du genre qui tendait à se substituer à elle.

Ce genre est le drame musical tel que nous l'avons connu en France depuis la *Muette de Portici* jusqu'au *Prophète*, dont Verdi a prolongé la durée au delà des Alpes et qui, après Verdi, s'est consacré dans ces œuvres brèves, mais d'un pathétique intense, fruste, mais fortes qui s'appellent *Cavalleria rusticana, I Pagliaci*, etc..., et que les esthéticiens du temps présent qualifient d'œuvres « véristes ». Et qu'est-ce que le drame musical ? Exactement ce qu'est le drame littéraire, une comédie à dénouement tragique, une action dont les personnages sont tirés de la vie commune, parlent le langage de la vie courante, et où les caractères, réduits à des attitudes, se font et se défont au gré des événements. Après Gluck, la tragédie musicale aspirait, croyait-on, à se détendre. La vérité, c'est qu'ayant épuisé toutes les ressources, il ne lui restait plus qu'à mourir. Spontini dans sa *Vestale* avait-il essayé de lui infuser un sang nouveau ? Peut-être. Mais en renouvelant le genre il en assurait la métamorphose. Ce fut Rossini qui l'enregistra. Aussi, malgré les origines classiques de sa façon d'écrire, nous saluerons dans Rossini l'un des premiers représentants de l'art romantique.

Que son talent l'ait prédisposé à son rôle, que ses dons scéniques l'aient prédestiné à être celui qui devait fixer, c'est-à-dire créer le drame musical au sens propre du terme, nous l'avons montré en parlant d'*Otello*, et en insistant sur la tendance qui s'y fait jour à exprimer non

pas tant les mouvements de l'âme que les agitations exté-
rieures excitées par ces mouvements. Or, ne sait-on pas
que cette tendance caractérisa, en son temps, les romantiques dans leur lutte contre l'art classique ?

Rossini est donc un moissonneur et non pas un
semeur ? Il est l'un et l'autre, mais à des points de
vue différents. En Rossini, c'est tout un présent qui
resplendit : c'est quelque chose de plus encore : tout un
avenir qui s'annonce. Car pour que Rossini soit — et il
l'est, — tout le théâtre musical dramatique de 1813
à 1860, il faut que tout en établissant le drame musical
sur une base solide, il ait fourni aux musiciens qui
allaient venir les moyens d'en alléger l'atmosphère et
d'en relever éventuellement le style. Tel fut le rôle historique, si je puis ainsi dire, de *Tancrède*, du troisième
acte d'*Otello*, du premier de *Moïse*, du second de *Guillaume Tell*. N'en ayons doute : si l'étendue de l'influence
exercée par Rossini est telle qu'on a peine à dire où elle
s'arrête — et elle va durer plus d'un demi-siècle, — c'est
qu'il a touché toutes les cordes de la lyre humaine et
que sa psychologie musicale a pénétré partout. A ce
point de vue — si ce n'est dans *Guillaume*, — le moissonneur passe à l'arrière-plan et le semeur le remplace.
Qu'est-ce, en effet, *Tancrède*, sinon la semence de l'opéra
bellinien ? Et ne nous pressons pas trop de répéter
après tant d'autres, qu'en musique, tout au moins, Rossini ne sut point faire l'amoureux. Si vous en doutez,
reprenez en détail les rôles de Tancrède, ce délicieux
héros de l'amour tendre, d'Aménaïde, cette ardente

héroïne de l'amour passion. Souvenez-vous des deux
Mathilde, celle de l'*Elisabeth* dont les pleurs ont du
charme, celle de *Guillaume Tell*, chez qui l'imagination pittoresque et l'imagination amoureuse confondent
leurs élans. Cherchez-vous un type d'âme en détresse,
voyez Desdemone presque pendant toute la durée du
drame. Et si vous demandez un bel exemple de passion
irascible, le même *Otello* vous en fournira. Enfin, dans
les pages héroïques de *Guillaume Tell*, on peut affirmer
que le quatrième des *Huguenots* n'aurait pas été possible,
Meyerbeer avant *Guillaume Tell* n'ayant su faire que de
médiocres pastiches italiens.

Parlerai-je après cela de ses comédies musicales,
perfections du genre, où l'habileté du moissonneur se
montre tout entier ? Inutile dès lors de discuter le génie
de cet artiste qui fut, entre tous, un musicien de grand
naturel. Inutile de discuter une influence qui s'est
étendue pendant un demi-siècle sur deux pays d'Europe,
l'Italie et la France. Comme « homme représentatif »
Gioachino Rossini n'a personne au-dessus de lui dans
l'histoire du drame musical, — je n'ai point dit dans
celle de la musique. — Son nom est le nom d'une
époque de l'art, tranchons le mot, d'un art. Même ce
nom joua un rôle dans les destinées de la patrie italienne.
Quand on représentait en Italie le *Mosè* ou *Guglielmo
Tell*, l'espoir des apôtres du *risorgimento* se ranimait et
s'enflammait. Il est donc inévitable que le nom de Gioachino Rossini vive dans la mémoire des hommes tant
qu'il y aura des hommes et qui se souviendront.

RÉPERTOIRE CHRONOLOGIQUE

DE

L'ŒUVRE DE ROSSINI

1808

IL PIANTO D'ARMONIA, cantate, composée pour le lycée de musique de Bologne, et exécutée à ce lycée en séance solennelle devant les autorités communales. *Soli* chantés par le ténor Agostini.

DEMETRIO E POLYBIO, livret de Mme Mombelli.

Rome, au Valle (les Mombelli, Olivieri).

1809

SINFONIA (ouverture avec fugue pour orchestre).

MORCEAUX pour instruments à cordes (arrangements faits pour Triossi, contrebassiste amateur de Ravenne).

MESSE pour voix d'hommes. Ravenne.

1810

DIDONE ABBANDONATA, cantate composée pour Esther Mombelli, Bologne.

LA CAMBIALE DI MATRIMONIO, *farsa*.

Venise, au San-Mosé, automne (la Morandi, Ricci et Raffanelli).

1811

L'EQUIVOCO STRAVAGANTE, opéra bouffe en deux actes.

>Bologne, au Corso, automne (la Marcolini, Vaccani et Rosich).

1812

L'INGANNO FELICE, *farza*, livret de Foppa.

>Venise, au San-Mosé, carnaval (la Morandi, Raffanelli, Monelli et Galli).
>Paris, 1819. — Vienne (Lablache, Tamburini, Rubini, et M⁽ᵐᵉ⁾ Fodor).

CIRO IN BABILONIA, oratorio, livret du comte Aventi.

>Ferrare, carême (la Marcolini, la Manfredini, Bianchi et Vaccani).

LA SCALA DI SETA, *farza*, livret de Foppa.

>Venise, au San-Mosé, printemps (la Cantarelli, de Grecis, Monelli).

LA PIETRA DEL PARAGONE, opéra-bouffe en 2 actes, livret de Romanelli.

>Milan, à la Scala, automne (la Marcolini, Galli, Bonoldi).
>Paris, avril 1824.

L'OCCASIONE FA IL LADRO, OSSIA IL CAMBIO DELLA VALIGIA, *farza*, livret de Foppa.

>Venise, au San-Mosé, automne (la Morandi, Monelli, Raffanelli, Galli.)

1813

IL FIGLIO PER AZZARDO, OSSIA I DUE BRUSCHINI, *farza*, de Foppa.

>Venise, au San-Mosé, carnaval (la Cantarelli, de Grecis, Raffanelli).
>Paris, 1857. Bouffes-Parisiens, adaptation française de M. de Forges, sous le titre de *Bruschino*.

TANCREDI, opéra, livret de Rossi, d'après la tragédie de Voltaire.

>Venise, à la Fenice, carnaval (la Malanotti, la Manfredini, Todran et Bianchi).

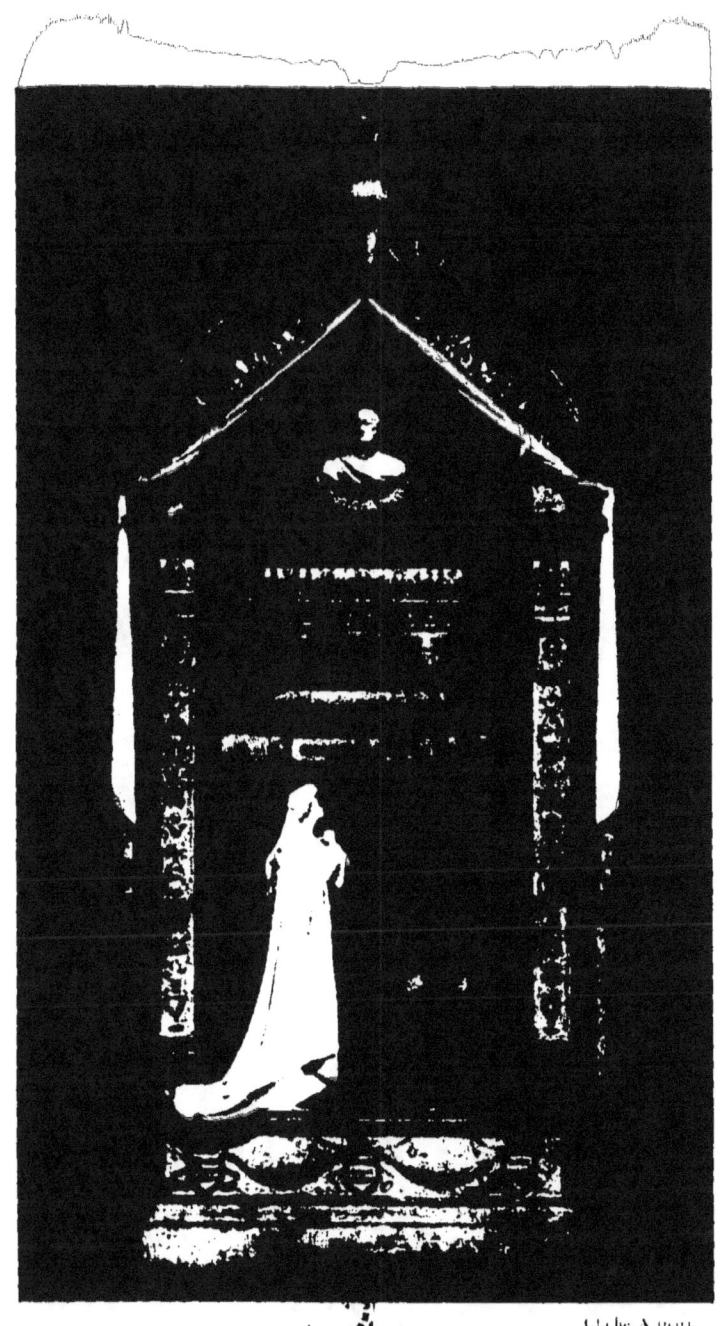

MONUMENT DE ROSSINI A SANTA-MARIA DELLA CROCE, A FLORENCE
(INAUGURÉ EN MAI 1902).

8

Paris, aux Italiens, où il fut joué plus de deux cents fois
(Mmes Pasta, Pisaroni, Sontag, Malibran, Viardot, Persiani;
Levasseur, Bordogni). — A l'Odéon, 1827 (traduction fran-
çaise de Castil-Blaze).

L'ITALIANA IN ALGERI, poème d'Anelli.

Venise, au San-Benedetto, été (la Marcolini, Galli, Gentili,
Rosich).

Paris, février 1817.

1814

AURELIANO IN PALMIRA, livret de Romani.

Milan, à la Scala, carnaval (Velluti sopraniste, Galli, Botticelli, Mari et la Correa).

IL TURCO IN ITALIA, livret de Romani.

Milan, à la Scala, automne (la Maffei, Davide, Galli).

Paris, mai 1820.

1815

SIGISMONDO, livret de Foppa.

Venise, à la Fenice, carnaval (la Marcolini, la Manfredini,
Bonoldi, Bianchi).

ELISABETTA, livret de Schmidt.

Naples, au San-Carlo, automne (la Colbran, la Dardanelli,
Garcia, Nozzari).

Paris, 1822, repris plusieurs fois (Mmes Fodor, Cinti, Pasta;
Garcia, Bordogni).

1816

TORVALDO E DORLISCA, livret de Fenetti.

Rome, au Valle, carnaval (la Sala, Donzelli, Galli, Remorini).

IL BARBIERE DI SIVIGLIA, paroles de Sterbini (d'après Beaumarchais),
intitulé d'abord *Almaviva, ossia l'inutile precauzione.*

Rome, à l'Argentina, carnaval (Mme Giorgi-Brighetti, Garcia,
Botticelli et Zamboni).

Paris, 1819, aux Italiens, dont il ne quitte pas le répertoire,
— Traduit en français par Castil-Blaze, le *Barbier de Séville*
fut joué tout d'abord à l'Odéon, puis à la salle Chantereine,

ensuite à l'Opéra (1851), au Théâtre lyrique (1857), et à l'Opéra-
Comique, au répertoire duquel il figure actuellement.

Les plus grandes cantatrices, les chanteurs les plus célèbres
abordèrent le chef-d'œuvre de Rossini (Mmes Cinti, Sontag, Malibran, Grisi, Persiani, Nissen, de la Grange, Borghi-Mamo,
Patti, Dorus, Bosio, Carvalho; Galli, Santini, Lablache, Mario,
Tamburini, Rossi, Lafont, Derivis, Chapuis, Morelli, Obin, etc.).

LA GAZZETTA, livret de Tottola.

Naples, aux Fiorentini, été (la Chambran, Pellegrini, Casac-
cia).

TETI E PELEO, cantate. Naples, au Fondo, à l'occasion des fêtes du
mariage de la duchesse de Berry (la Colbran, la Dardanelli,
Davide).

OTELLO, livret du marquis de Berio.

Naples, au Fondo, hiver 1816-1817 (la Colbran, Davide, Benedetti, Nozzari).

Paris, 1821 (Mme Pasta, Garcia) ; repris souvent.

Traduit par Alphonse Roger et Gustave Vaëz, *Othello* fut joué
à l'Opéra en septembre 1844 (Mme Stolz, Duprez, Baroilhet,
Levasseur).

1817

LA CENERENTOLA, *dramma giocoso* en 2 actes, livret de G. Ferretti.

Rome, au Valle, carnaval (la Giorgi-Brighetti).

Paris, 1822. Souvent repris (Mmes Alboni, Borghi-Mamo ;
Lablache).

LA GAZZA LADRA, livret de Gherardini, d'après la *Pie Voleuse*, mélodrame de Daubigny et Caignez.

Milan, à la Scala (la Belloc, Monelli, Galli).

Paris, 1821. Souvent repris (Mmes Malibran, Patti...)

ARMIDA, livret de Schmidt.

Naples, au San-Carlo, automne (la Colbran, Nozzari, Benedetti.)

1818

ADELAIDE DI BORGOGNA, OSSIA OTTONE, livret de Ferretti.

Rome, à l'Argentina, carnaval (la Manfredini, la Sciarpel-
letti, Monelli).

ADINA, OSSIA IL CALIFO DI BAGDAD, *farza*.

    Lisbonne.

MOSÉ IN EGITTO, livret de Tottola.

    Naples, au San-Carlo, carème (la Colbran, Nozzari, Porto).

    Paris, octobre 1822 (Mmes Pasta, Cinti ; Levasseur, Garcia. Bordogni).

    Traduit par Jouy, *Moïse* fut représenté à l'Opéra le 26 mars 1827, avec de nombreux remaniements apportés à la partition (Mme Cinti ; Nourrit, Dabadie, Levasseur, Alexis Dupont). Repris en 1852 et en 1863. Représenté en plein air au théâtre d'Orange (1888).

RICCIARDO E ZORAIDE, d'après le poème de Ricciardetti.

    Naples, au San-Carlo, automne (la Colbran, la Pisaroni, Davide, Nozzari).

1819

ERMIONE, livret de Tottola.

    Naples, au San-Carlo, carème (la Colbran, la Pisaroni).

PARTHENOPE, cantate, au San-Carlo, à l'occasion du rétablissement du roi de Naples.

EDUARDO E CRISTINA, *centone*, livret de Rossi.

    Venise, au San-Benedetto, printemps (la Cortesi, la Morandi, Bianchi).

LA DONNA DEL LAGO, livret de Tottola.

    Naples, au San-Carlo, automne (la Colbran, la Pisaroni, Davide, Nozzari).

    Paris, octobre 1825.

1820

BIANCA E FALIERO, livret de Romani.

    Milan, à la Scala, carnaval (la Bassi, la Camporesi).

MAOMETTO SECONDO, livret du duc de Ventignano, célèbre *jettatore*.

    Naples, au San-Carlo, carnaval (la Colbran, Galli, Nozzari, Benedetti).

    Adapté pour la scène française par Balocchi et Soumet, le *Siège de Corinthe* fut joué à l'Opéra. La partition fut remaniée par Rossini qui ajouta plusieurs morceaux, entre autres la scène de la bénédiction des drapeaux (Mme Cinti-Damoreau, Nourrit, Derivis). Repris en 1844, en 2 actes.

1821

MATILDA DI SHABRAN, livret de Ferretti.

Rome, à l'Apollo, carnaval (la Lipparini, la Parlamagni, Fusconi). Orchestre dirigé par Paganini.

Paris, 1829, et en 1857, aux Italiens, avec Mmes Bosio et Borghi-Mamo.

1822

ZELMIRA, livret de Tottola, d'après une tragédie de Du Bellay.

Naples, au San-Carlo, hiver (la Colbran, la Cecconi, Nozzari, Davide).

Vienne, 1822 (Mme Echerlin, Botticelli).

LA RICONOSCENZA, cantate.

Naples, à l'occasion d'une représentation an bénéfice du compositeur (la Dardanelli, Rubini, Benedetti).

1823

SEMIRAMIDE, livret de Rossi.

Venise, à la Fenice, carnaval (la Colbran, la Mariani, Galli).

Paris, 1825 (Mmes Pasta et Fodor). Repris souvent (Mme Alboni...).

Traduit par Méry, *Sémiramis* fut jouée à l'Opéra en 1860 avec un ballet composé par Carafa, qui ajouta des récitatifs (Carlotta et Barbara Marchisio).

PLUSIEURS CANTATES (*Il Vero Omaggio, Il Bardo, l'Augario Felice, la Sacra Alleanza*), exécutées à l'occasion du Congrès à Vérone soit au Filarmonico, soit aux Arènes (la Tosi, Velluti sopraniste, Crivelli, Galli).

1825

IL VIAGGIO A REIMS, OSSIA L'ALBERGO DEL GIGLIO D'ORO, livret de Balocchi, œuvre écrite pour les fêtes du sacre de Charles X.

Paris, 19 juin (Mmes Pasta, Mombelli; Zuchelli, Bordogni...)

1828

LE COMTE ORY, opéra en deux actes de Scribe et Delestre-Loirson.
Paris, 20 août, Opéra (Nourrit, Levasseur, Dabadie, Mme Cinti-Damoreau).

Dans la partition, Rossini intercala la plupart des morceaux de l'œuvre précédente.

1829

GUILLAUME TELL, opéra en 5 actes, livret de de Jouy et Hipp. Bis.
Paris, 3 août, Opéra (Nourrit, Dabadie, Levasseur, Mme Cinti-Damoreau...).

Cette œuvre n'a jamais quitté le répertoire de l'Opéra. Duprez y fit ses débuts en 1837.

1834

Les Soirées musicales, recueil de douze mélodies publié chez l'éditeur Troupenas.

1841

STABAT MATER, dédié à Don Varela ; composé, quant aux six premiers morceaux, en 1832, achevé en 1841.

Après une audition partielle dans les salons Herz (31 octobre 1841), une exécution intégrale du *Stabat* fut donnée aux Italiens, le 7 janvier 1842 (Mmes Grisi et Albertazzi ; Mario, Tamburini).

1846

ROBERT BRUCE, opéra en trois actes, paroles d'Alphonse Roger et Gustave Vaez.
Paris, 30 décembre, à l'Opéra (Mmes Stolz, Nani ; Baroilhet).

Cette partition n'est qu'un « centone » ; l'adaptateur fut Niedermeyer.

1864

PETITE MESSE SOLENNELLE, à l'hôtel de M. Pillet-Will, le 14 mars (les sœurs Marchisio ; Gardoni, Agnesi).

Ajoutons, pour compléter ce répertoire, que Rossini écrivit
quelques mélodies détachées, parues çà et là ; un certain
nombre de morceaux de piano, avec titres bizarres, qui sont
des *jeux d'esprit*, plutôt que des œuvres musicales ; trois chœurs
religieux (1844) *la Foi, l'Espérance et la Charité*, dont les deux
premiers étaient tirés d'une œuvre de jeunesse restée inédite.
Œdipe, tragédie lyrique ; et enfin à l'occasion de l'Exposition
universelle de 1867, une *Cantate*, dont l'exécution eut lieu le
1er juillet à la distribution des récompenses, et qu'il dédia à
Napoléon III et au vaillant peuple français : « Hymne avec
accompagnement d'orchestre et de musique militaire, pour
baryton (solo), un pontife, chœur de grands prêtres, chœur de
vivandières, de soldats, du peuple. A la fin, danses, cloches,
tambours et canons. Excusez du peu. »

BIBLIOGRAPHIE

La vie de Rossini, par Stendhal. Paris, 1823. — Nouv. édition.
Calmann Lévy, 1854.

L'ouvrage le plus ancien, non pas le plus complet, mais sans
comparaison aucune, le plus intelligent de tous.

Stendhal nous donne en même temps que ses impressions celles
de tout un groupe d'amateurs italiens. Il nous fait l'histoire
des œuvres, de la manière dont chacune d'elles fut accueillie.
De *Tancredi* à la *Donna del lago*, il analyse en détail la presque
totalité des opéras qui réussirent et chacune de ses analyses
— à l'exception de celle d'*Otello*, — est un modèle d'analyse
musicale et psychologique. On peut n'être pas toujours de son
avis. Mais là même où il a tort, on comprend qu'il se soit
trompé : Castil-Blaze a dit de cette vie de Rossini qu'elle était
prise dans les *Rossiniane lettere* de Carpani. En parlant ainsi,
Castil-Blaze parle de ce qu'il ignore. Passe pour les *Haydines*
de Carpani. Stendhal s'en est servi, il y paraît bien. Mais sa *Vie
de Rossini* est une œuvre de première main, c'est même une
source.

Le Rossiniane, ossia Lettere musico-teatrali, par G. Carpani.
Padoue, 1824.

Livre curieux, mais verbeux, encombré de détails inutiles.

Rossini. Sa vie et ses œuvres, par Escudier. Paris, Dentu,
1854.

Il s'y trouve un fort bon chapitre sur Isabelle Colbran.

Rossini, l'homme, l'artiste, par E.-M. Œttinger, trad. fr. de Royer. Bruxelles, 1858, 3 vol.

Ces trois volumes sont remplis d'anecdotes sans importance, ou même de commérages insignifiants. Rossini y « figure » souvent à son désavantage. On y vante sa gourmandise, sa fainéantise, son goût de tous les plaisirs. On n'y étudie nulle part ni son talent ni ses œuvres. Et l'on se vante dans l'« Envoi à Rossini » d'omettre beaucoup de « choses vraies » et d'en ajouter pas mal de « mensongères ».

G. Rossini, par Azevedo. Paris, Heugel, 1865.

Cette biographie contient un matériel d'informations ou de renseignements assez complet. Son principal défaut est d'être écrite sur le ton du panégyrique et de manquer de discernement dans l'éloge. Les anecdotes y abondent, mais l'auteur qui les rapporte ne se montre pas assez soucieux de les contrôler.

Rossini. Notes, impressions, souvenirs, commentaires, par Arthur Pougin. Paris, Claudin, 1871.

L'ouvrage de M. Pougin est tout ce qu'il y a de plus divertissant. On sait qu'il aime le *maëstro* et qu'il le compte parmi les hommes les plus spirituels de son temps. Nous recommandons ce livre à tous ceux qui voudront « étudier » Rossini. Il a pourtant un défaut : c'est l'œuvre d'un admirateur. Mais comme les endroits où l'historien cède sa place à ce dernier sont faciles à reconnaître, l'ouvrage pris dans son ensemble peut inspirer de la sécurité. Les histoires de M. Pougin ne sont rien moins qu'invraisemblables. Sont-elles vraies ? — On ne prête qu'aux riches ! — D'accord. Mais il s'agit de savoir si tout ce que nous raconte M. Pougin a été contrôlé soit par lui, soit par d'autres. Et c'est ce qu'on ne sait pas.

Biografia di Gioachino Rossini, par Ant. Zanolini. Bologne. 1875.

Excellente et bien documentée.

Gioachino Antonio Rossini, par Josef SITTARD. Leipzig, Breit-
kopf et Haertel, 1882.

> L'étude de M. Josef Sittard est brève et exacte. Elle est, voulons-
> nous dire, exactement informée.
>
> Son principal défaut est une sévérité excessive, injuste même et
> qui tient précisément à l'oubli des distinctions indispensables,
> En disant que Rossini n'a point fondé d'école, M. Sittard a
> raison, s'il parle du musicien. S'il parle du dramatiste, il se
> trompe et même, selon nous, assez gravement.

Onoranze florentine a Gioachino Rossini..., par Riccardo GAN-
DOLFI. Florence, 1902.

> Dans ce recueil, publié à l'occasion de l'inauguration du monu-
> ment de Rossini à Santa-Maria della Croce de Florence, il se
> trouve quelques documents de valeur, il s'y trouve aussi pas
> mal d'exagérations dans l'éloge. On n'y fait point la distinction
> capitale, selon nous, entre le musicien et l'homme de théâtre
> et pour ne la point vouloir faire, on diminue le prix d'une
> foule de remarques, justes et même neuves, sur le rôle musical
> de Rossini au xixe siècle.

GUSTAVE CHOUQUET. Article **Rossini** du *Dictionnary of music and
musicians* de Grove (en anglais). Excellente étude complète et
richement informée.

TABLE DES GRAVURES

TABLE DES MATIÈRES

ÉVREUX, IMPRIMERIE DE CHARLES HÉRISSEY

www.ingramcontent.com/pod-product-compliance
Lightning Source LLC
Chambersburg PA
CBHW071600220526
45469CB00003B/1071